Christiane Büld Campetti

Die Außenstelle des Paradieses

Toskanische Tagträume

Christiane Büld Campetti

Die Außenstelle des Paradieses

Toskanische Tagträume

Picus Lesereisen

Picus Verlag Wien

Für meine Mutter

Grafische Gestaltung: Dorothea Löcker, Wien
Umschlagabbildung: Foto Pictor
Druck und Verarbeitung: Remaprint, Wien
ISBN 3-85452-771-3

Inhalt

Hinschauen statt angucken

Ein Vorwort

Du lebst in der Toskana!, rufen meine Landsleute entzückt. Noch bevor ich etwas sagen kann, verrät mir bereits ihr sehnsüchtiger Blick, dass sich in ihren Köpfen Bilder formen von einer malerischen Landschaft im gelben Sonnenlicht, von Weinbergen, Olivenhainen und dem *dolce far niente* bei einem Glas Chianti und einem Stück Schafskäse, unter einem Maulbeerbaum, am Ende einer Zypressenallee, mit dem Blick auf die silbrigen Hügel, die sich sanft bis zum Horizont hinziehen.

Warum ihre Träume von einem Paradies auf Erden, in dem der Mensch im Einklang mit der Natur lebt, stören, denke ich in solchen Momenten. Sie kommen her, um Ferien zu machen. Und so stricke auch ich noch ein bisschen am Toskanamythos und erzähle ihnen von sympathischen Initiativen, die ihre Vorstellung von der schönen heilen Toskanawelt nähren.

Von den Eisenbahnern aus Siena, beispielsweise, die in ihrer Freizeit alte Züge auf Vordermann gebracht haben, um damit an Sommerwochenenden Touristen auf einer stillgelegten Strecke durch das Orciatal zu kutschieren; von der *Presepe Vivente*, der »Lebenden Krippe« in Equi Terme, die für Besucher eine stimmungsvolle Weihnachtsveranstaltung und für die Bewohner ein Grund zum Stolz ist, weil sie die Dorfgemeinschaft wieder zusammengeschweißt und selbst die jungen Menschen zum Bleiben animiert hat. Oder ich berichte über das *Teatro Povero*, das »Arme Theater« in Monticchiello, das seit Jahren unter Beweis stellt, dass der Kirchturmhorizont nicht automatisch die Kreativität beschränkt.

Es sind alles Beispiele für das, was uns Deutsche an der Toskana so fasziniert: die Kreativität im Alltag, die Großzügigkeit der Menschen, ihre Liebe zur eigenen Kultur und zu den Traditionen, die Gelassenheit, mit der sie den Unwägbarkeiten des Lebens begegnen, die Neugierde Fremden gegenüber.

Sie leben in der Toskana!, rufen die Toskaner erfreut. Und in ihrem Blick erkenne ich ebenfalls den Wunsch, die Geschichte bestätigt zu bekommen, von der herrlichen Landschaft, den zahllosen Zeugnissen einer großen Vergangenheit, den Bewohnern mit dem gotteslästerlichen Mundwerk und der scharfen Intelligenz und von ihrer genuinen Küche.

Ich muss gestehen, dass mich dann manchmal der Teufel reitet und ich ihnen diese Genugtuung verwehre. Stattdessen bringe ich ihre Alltagsprobleme zur Sprache: das tägliche Verkehrschaos, die fortschreitende Zersiedelung der Landschaft und die Tatsache, dass der einstigen Agrarregion Toskana im Moment die Rechnung für eine überstürzte Industrialisierung präsentiert wird.

Das mag daran liegen, dass ich meine deutsche Besserwisserei nicht im Zaum halten kann. Auf der anderen Seite meine ich gute Gründe dafür zu haben. Denn ich gehöre nicht zur so genannten Toskanafraktion, den gut verdienenden Intellektuellen und Politikern, die sich für einige warme Sommermonate ins einfache Landleben zurückziehen, um endlich einmal wieder zu sich selbst zu finden, und die dabei voller Wohlwollen die kleinen Alltagsunbilden übersehen. Ich bin auch keine Aussteigerin, die den Zwängen einer leistungsorientierten Gesellschaft entfliehen will und dabei jeden Kontakt mit der Realität vermeidet.

Ich bin, wenn überhaupt, eine Einsteigerin. Ich lebe und arbeite hier. Und dabei sind meine anfangs romantisierenden Vorstellungen gehörig mit dem toskanischen Alltag kollidiert. Seitdem sehe ich nicht nur die atemberaubende Schönheit einer Region, die von Stadtmenschen erdacht und von Bauern in mühseliger Arbeit geformt wurde. Ich erlebe auch, dass diese Landschaft häufig mit Füßen getreten wird.

Für mich ist die Toskana eine italienische Region, in der sich ebenfalls die Veränderungen der modernen Gesellschaft bemerkbar machen. Ob in der Familie, in der Wirtschaft, im Alltag, überall spüre ich die Nebenwirkungen der so genannten Globalisierung, die langsame Angleichung von Gewohnheiten, Lebensformen und Problemen.

Deshalb also berichte ich von der Regenkatastrophe in Cardoso, die die Menschen gelehrt hat, dass man in der Toskana nichts geschenkt bekommt, oder von den Abwässern, die unterhalb des Ponte Vecchio in den Arno fließen.

Den eiligen Besucher, der morgens in Florenz und nachmittags in Pisa sein will, dabei jedoch noch schnell an San Gimignano vorbeifährt, werden diese Geschichten nicht sonderlich interessieren. Dem erklärten Toskanafreund hingegen lege ich sie ans Herz. Gemeinsam mit dem Motto der Landesregierung, die versucht die Touristenströme umzuleiten: »Hinschauen statt angucken.«

Wer von einem Landhaus in der Toskana träumt, sollte sich im Klaren darüber sein, dass Hobbygärtnerei zum Entspannen nicht ausreicht, um die bewunderte Landschaft intakt zu halten. Er sollte auch wissen, dass Agritourismus zwar die nachhaltigste Form ist, in der Region Urlaub zu machen, allerdings nicht in der Luxusversion mit Tennisplatz und Swimmingpool. Es herrscht akuter Wassermangel.

Hinschauen statt angucken. Zeit bleibt dann immer noch für ein Glas Chianti und ein Stück Schafskäse unter einem Maulbeerbaum, am Ende einer Zypressenallee, mit Blick auf eine malerische Landschaft im gelben Sonnenlicht, auf Weinberge, Olivenhaine und auf silbrige Hügel, die sich sanft bis zum Horizont hinziehen.

»Treno Verde«

Privatinitiative für eine der schönsten Bahnstrecken Italiens

Zugbegleiter Gianmarco Palazzi aus Siena kann es manchmal selbst nicht glauben. Da hat er endlich das lang ersehnte Rentenalter erreicht und dann stellt er trotzdem der italienischen Bahn AG seine Arbeitskraft zur Verfügung, unentgeltlich sogar! Für einen so erfahrenen Eisenbahner wie ihn war die Versuchung, mit dem 990-Triebwagen, von dem nur noch ein Exemplar existiert, oder der legendären Littorina 773 durch das Orciatal zu fahren, einfach zu groß. In dem Gebiet zwischen Siena und dem Monte Amiata gibt es obendrein 51 Kilometer Landschaft vom Feinsten, die sich am besten vom Zug aus entdecken lässt: zuerst die welligen, kargen Lehmhügel der sienesischen Crete, dann die endlosen Weinberge, auf denen Brunello di Montalcino heranreift, und die sich mit undurchdringlichem Mischwald abwechseln. Straßen, geschweige denn Wohnhäuser, bekommt man so gut wie nie zu sehen. Nur ab und zu zieht in der Ferne majestätisch eine Schlossruine vorbei oder huscht direkt an den Gleisen ein verlassenes Bahnwärterhäuschen vorüber. Die Zugfahrgäste seien immer hellauf begeistert, weiß Gianmarco Palazzi zu berichten. In einer solchen Atmosphäre mache das Zugbegleiterdasein natürlich viel mehr Spaß als früher an normalen Arbeitstagen, an denen die Passagiere sich oft nur muffig auf den Sitzen räkelten und genervt die Fahrscheine zückten.

Begonnen hatte das Wagnis *Treno Verde*, der »grüne Zug« also, beim *dopolavoro* von Siena, dem örtlichen Freizeitclub der italienischen Bahnangestellten. Es muss 1994 gewesen sein. Gianmarco Palazzi kann sich nicht genau erinnern. Jedenfalls hatte er wieder einmal mit Kollegen zusammengesessen und alten Zeiten nachgetrauert. Aus gutem Grund! Die Strecke Siena–Monte Antico war soeben stillgelegt worden. Es lohne den Aufwand nicht, lautete die Begründung der Bahndirektion. Zum Schluss waren nur noch fünf Züge am Tag mit gerade einmal fünfzig Passagieren gefahren. Sparmaßnahmen hin oder her, eine solche Strecke könne man doch nicht einfach wegrationalisieren, hatten die Eisenbahner aus Siena und Umgebung sich entrüstet. Schließlich ist die gesamte Orcia-Bahnlinie ein einziges Denkmal für Industriegeschichte. Die Bahnhöfe, die Brücken, die Bahnwärterhäuschen und Tunnels, alle waren um 1860 entstanden und seitdem fast unverändert geblieben. »Mal wieder auf Dienstreise in die Vergangenheit«, lautete eine Redensart unter Kollegen, wenn sie für die Strecke eingeteilt waren.

Wie der Zufall eben spielt, tauchte zu dem Zeitpunkt Stefano Maggi bei ihnen auf. Der Historiker an der Universität von Siena ist sozusagen die Seele des Ganzen. Oder besser der Kopf? Jedenfalls ist er Präsident der »Ehrenamtlichen Betreiber der Orcia-Bahn« wie sich ihr Verein mittlerweile nennt. Gianmarco Palazzi erinnert sich noch gut daran, wie beeindruckt er von dem Projekt, die historische Strecke für touristische Zwecke zu nutzen, war, das Maggi der Bahndirektion vorlegte. Er hatte an alles gedacht! Die Bahn sollte Triebwagen mit Sammlerwert herrichten, die stillgelegte Strecke warten sowie Zugführer zur Verfügung stellen. Den Rest konnten ehrenamtliche Mitarbeiter übernehmen: Fahrplan ausarbeiten, Karten verkaufen, Vorbestellungen entgegennehmen, Zugbegleiter sein und Reiseführer spielen.

Im Frühjahr 1996 waren die bürokratischen Hindernisse überwunden, drei »Littorine« aus den fünfziger Jahren restauriert und eine Gruppe von vierzig freiwilligen Helfern zusammengestellt. Im Mai ging der *Treno Verde* auf Jungfernfahrt. Seitdem steht Gianmarco Palazzi gemeinsam mit Vereinskollegen zwischen Mai und Oktober, die Ferienmonate Juli und August selbstverständlich ausgenommen, sonntagmorgens gegen acht Uhr am Bahnhof von Siena. Er begrüßt die Fahrgäste, kontrolliert ihre Tageskarten und gibt mit der Kelle das Startsignal in Richtung Asciano. Die gleiche Prozedur wiederholt sich im Laufe eines Tages noch zweimal.

Der *Treno Verde* hält, so hat man den Eindruck, bei seiner Bummelreise durch das Orciatal an jeder Milchkanne. Der Ankunft geht meist ein durchdringendes Pfeifen voraus, das die Streckenwärter auffordern soll die Schranken herunterzulassen. Ganz nebenbei vertreibt es auch die Fasane und Wildschweine von den Gleisen.

Die Sommersonntagszugfahrgäste können nach Belieben aus- und zusteigen, eine Ortsbesichtigung machen oder eine Wanderung antreten, um anschließend mit einem der folgenden Züge die Reise fortzusetzen. Gianmarco Palazzi hat immer eine ganze Reihe von Ratschlägen für sie parat, die er ihnen durch den Zuglautsprecher weitergibt: in Asciano einen Abstecher zur majestätischen Abtei Monte Oliveto Maggiore, in San Giovanni d'Asso einen Besuch der mittelalterlichen Burg und in Monte Amiata Scalo eine Wanderung zur fünf Kilometer entfernten, romanischen Benediktinerabtei Sant'Antimo, für ihn eines der schönsten Bauwerke der Toskana. Bei Monte Antico ist es mit der Bummelei jedoch vorbei. Dort stößt die Orcia-Bahn auf die Strecke Siena–Grosseto, auf der es fahrplangerecht zurück zum Ausgangspunkt geht.

Gianmarco Palazzi ist stolz darauf, was der Verein bisher auf die Beine gestellt hat: siebentausend Passagiere jährlich, Vorbestellung obligatorisch, Sonderfahrten mit einer Dampflokomotive zur Trüffelmesse nach San Giovanni d'Asso, zur Weinprobe nach Montalcino oder zur Silvesterfeier auf der Strecke. Dabei wollten sie ja eigentlich nur erreichen, dass die Orcia-Bahnlinie nicht stillgelegt wurde. Herausgekommen ist jedoch viel mehr. Als schönsten Erfolg sieht er die Ernennung des Orciatales zum Natur-Kultur-Park, der von einem Netz von Wanderwegen überzogen ist, die sich alle an der Bahnstrecke orientieren.

Vielleicht geht ja manchmal die Fantasie mit ihnen durch! Doch neuerdings sprechen sie bei ihren Treffen beim *dopolavoro* in Siena immer häufiger von einem Museum für Eisenbahngeschichte im Bahnhof von Torrenieri, von einem modernen Besucherzentrum mit Spezialitätenrestaurant und von preisgünstigen Übernachtungsmöglichkeiten für Wanderfreunde in den ehemaligen Bahnwärterhäuschen. Noch steht das allerdings nicht auf ihrem Fahrplan.

Das Museum unter freiem Himmel

Ein Spaziergang durch Florenz

Dante lässt sich Zeit. Aufmerksam beobachtet er mich, während ich zügig vom Arno kommend den Treppenweg hinauflaufe. Erst nachdem ich an ihm vorbei bin, erhebt er sich träge von seinem Platz vor dem Holzhäuschen, sucht sich ein Loch im Zaun und verschwindet gemächlich auf der gegenüberliegenden Seite der Stufen im kommunalen Rosengarten. Katzenprivileg. Für uns Menschen ist diese Oase der Ruhe im Florentiner Viertel San Niccolò nur für einige Stunden in der Woche geöffnet.

Dantes Unterschlupf steht in der städtischen Katzenkolonie an der Via San Salvatore Monti, wo er und weitere streunende Artgenossen von der Rentnerin Anna versorgt werden. Ich begegne ihnen häufig, wenn ich den Tag mal wieder mit einer *via crucis* beginne: einem flotten Spaziergang vom Viertel Santa Croce über die Arnobrücke Ponte delle Grazie, die Via San Niccolò entlang, durchs alte Stadttor Porta San Miniato und dann den stufigen Kreuzweg hinauf zur hoch gelegenen Aussichtsterrasse Piazzale Michelangelo.

Für mich Frühsport und Seelenmassage zugleich. Denn besonders schön ist die Kunststadt Florenz nun einmal von oben. Den französischen Schriftsteller Anatole France hat ihr Anblick zu der Überzeugung gebracht: Gott muss ein Florentiner gewesen sein.

Zweigeteilt vom Fluss Arno und doch zusammengehalten von einer Reihe von Brücken, allen voran dem Ponte Vecchio mit den bunten Aufbauten, präsentiert sich die »Perle der Renaissance« bei der Draufsicht als Meer aus roten Dachziegeln. Die wichtigsten Gebäude des historischen Zentrums auf der rechten Uferseite wirken darin wie eifrige Schüler, die ihre Finger, Pardon, ihre Spitzen gen Himmel strecken, um sich bemerkbar zu machen. Links der zinnengekrönte Palazzo Vecchio an der Piazza della Signoria, gestern wie heute Regierungssitz der Stadtverwaltung; in der Mitte das Gruppenbild mit Baptisterium, Campanile, Dom, dessen mächtige Backsteinkuppel wie ein Ballon über der Stadt schwebt. Erst vor einigen Jahren ist man ihrem Geheimnis auf die Schliche gekommen: die Ziegel sind hohl, was eine enorme Gewichtseinsparung bedeutet. Die Großartigkeit von Brunelleschis Meisterwerk lässt sich eigentlich nur aus der Distanz erfassen, da es regelrecht zwischen die mittelalterlichen Altstadthäuser gequetscht wurde.

Ganz anders die gotische Hallenkirche Santa Croce, rechts davon. Das Pantheon großer Toskaner, darunter Dante, Michelangelo, Galilei, wurde von den Franziskanern auf einem Feld vor den mittelalterlichen Stadtmauern erbaut. Dabei ist noch ein wunderschöner, multifunktionaler Kirchenvorplatz entstanden, seit jeher beliebter Treffpunkt der Florentiner.

Kirchen, Kunst, Kultur und Kunsthandwerk. Im Viertel um Santa Croce gibt es alles, was Florenz berühmt gemacht hat. Dabei ist es volkstümlich geblieben. Die kleinen Läden und einfachen Trattorien sind noch nicht von Boutiquen und

Snackbars verdrängt, die Handwerksbetriebe noch nicht durch Internetpoints ersetzt. In den Gassen rund um die Kirche Santa Croce – wie bei Santo Spirito auf der anderen Arnoseite – wird wie eh und je geschabt und gehämmert, riecht es nach Leim, Ton, Farbe und Wachs. Es werden Möbel gebaut und restauriert, Rahmen geschnitzt und vergoldet, Musikinstrumente repariert, Stoffe gewebt und zugeschnitten, Vasen gedreht und bemalt. Wenn ich ein originelles Geschenk brauche, finde ich garantiert etwas: eine mit Mosaiksteinen dekorierte Obstschale, marmoriertes Briefpapier oder einen Gürtel aus gewebten Glasperlen. Angefertigt werden die schönen Dinge von den Enkeln der florentinischen Kunsthandwerker, die mit ihrer Geschicklichkeit und dem ausgeprägten Schönheitssinn seit dem Mittelalter ihrer Stadt zu Ansehen und Reichtum verholfen haben. Wer bei einem Rundgang durch die Altstadt einmal darauf achtet, wird erstaunt sein, wie viele Zeugnisse dieser Vergangenheit erhalten geblieben sind. Angefangen bei den Straßennamen, wie Via Calzaioli, Strumpfwirkergasse, und Corso dei Tintori, Färberstraße, über die oft stark verwitterten Zunftwappen oberhalb der Portale bis hin zur Kirche Orsanmichele, Tempel und Versammlungsort der Zünfte.

Im – allerdings etwas verlängerten – Schatten der Kirche Santa Croce liegt auch das kulinarische Zentrum meiner florentinischen Welt, der Lebensmittelmarkt Sant'Ambrogio. In der kleineren Ausgabe der zentralen Markthallen von San Lorenzo gibt es alles, was mein von der toskanischen Küche betörtes Herz begehrt. Schafskäse, Fisch, Gemüse, Wildschweinwürste. Im Vorbeigehen werfe ich gerne auch einen Blick auf die Wühltische vor den Markthallen. Unter viel Ramsch versteckt sich dort so manches Schnäppchen.

In den engen Straßen des Viertels zwischen Borgo Allegri und Via Proconsolo gibt es zudem jede Menge guter Trattorien und Restaurants. Angefangen beim Spitzenrestaurant Cibréo, über die Trattoria Fagioli bis zur Enoteca Giraldi. Dieses Weinlokal ist eine zeitgemäße Version der florentinischen *vinai*. Die oft nur schaufenstergroßen Stehlokale, wo es zum Glas Wein stets auch frische *crostini* gibt, sind leider fast verschwunden.

Für meinen *cappuccino* am Morgen und den *caffè* am Nachmittag laufe ich neuerdings bis zum Corso, ins ChiaroScuro. Neben verschiedenen Kaffeevariationen gibt es dort nämlich eine deutsche Tageszeitung!

Von da aus bin ich dann auch fast schon wieder am Arno, auf der Höhe der Uffizien mit ihrer unglaublich reichen Bildersammlung. Einen Besuch spare ich mir jedoch für kalte Wintertage auf, wenn sich kaum ein Tourist nach Florenz verirrt. Ohne Vorbestellung verliert man nur viel Zeit mit Warten. Trotzdem brauche ich nicht auf Kunstwerke zu verzichten, denn es gibt jede Menge Ausweichmöglichkeiten. Das Museo Marino Marini beispielsweise, weil es auch in Florenz nicht immer Renaissancekunst sein muss; das Museum für Wissenschaftsgeschichte, in dem bei mir wegen der alten Instrumente aus Chemie und Physik immer »Feuerzangenbowlenstimmung« aufkommt – Sie wissen schon: Da stelle we uns mal janz domm. Was is' ene Dampfmaschinn? –; dann das Museo Stibbert, wo allein die Halle mit vierzehn Rittern in vollem Harnisch den längeren

Fußmarsch rechtfertigt, oder die Boboli-Gärten hinter dem Palazzo Pitti, wo selbst die Natur in Florenz zum Kunstwerk wurde.

An den meisten Tagen jedoch reicht mir – selbst bei großem Kulturhunger – ein Spaziergang durch dieses so genannte »Museum unter freiem Himmel«. Am besten bei Sonnenuntergang, wenn das gelbe Licht der Häusersilhoutte am Arno einen Weichzeichner verpasst und Florenz wieder den Florentinern gehört. Von den Ufermauern schaue ich dann den Ruderern beim Training zu, stöbere in den kleinen Läden im Borgo San Iacopo auf der linken Uferseite oder schlendere flussaufwärts zur Piazza Poggi. Dort ist im Sommer auf den Terrassen unterhalb des Piazzale Michelangelo ein Biergarten aufgebaut, wo es – wie auf zahlreichen anderen Plätzen auch – nach dem Abendessen häufig Gratiskonzerte gibt.

Übrigens keinesfalls Katzenmusik! Auch wenn ich unter den Zuhörern auf den Stufen manchmal Dante entdecke. Oder einen Bruder.

»Wir sind keine romantische Sonnenuntergangskulisse«

Ansichten eines florentinischen Krimiautors

»Man beschreibt, was man kennt.« Mit diesem Zitat von Balzac – oder war es vielleicht Flaubert?, Nino Filastò ist sich einen Moment lang selbst nicht sicher – weist der florentinische Kriminalschriftsteller den Vorwurf zurück, seine Bücher seien bösartige Porträts der toskanischen Gesellschaft. Sie handelten von den dunklen Seiten des Lebens, verteidigt er sich, weil er in seinem Hauptberuf als Strafverteidiger täglich mit Mord, Betrug und Drogenhandel zu tun habe. Die Anregungen für seine Geschichten über skrupellose Geschäftsleute, korrupte Gefängniswärter, grausame Kunstfälscher und ehrgeizige Staatsanwälte, denen es nicht etwa um Gerechtigkeit, sondern vielmehr um vorzeigbare Erfolge für die eigene Karriere geht, findet er in authentischen Prozessen. »Die geschilderten Ereignisse und Personen sind natürlich frei erfunden«, fügt er vorsichtshalber hinzu, was ihn als wahren Rechtsvertreter ausweist.

Als Beispiel führt er jene Bücher an, in denen sein skeptischer Protagonist Corrado Scalzi Kunstfälschern das Handwerk legt. Denn das weiß Filastò nun wirklich aus seiner Anwaltspraxis: »Das Geschäft mit Kunstfälschungen blüht und gedeiht in der Region, die für gewöhnlich nur aufgrund ihrer unermesslichen Kulturschätze bekannt ist.« Das sei die Schattenseite der Toskana.

Ein Besuch in der Kanzlei von Nino Filastò im Borgo Santa Croce 13 in Florenz genügt, um zu verstehen, dass der Autor auch sonst viel Autobiografisches in seine Romane einfließen lässt. So hat sein Protagonist, Anwalt wie er selbst, nicht nur das Büro in derselben Straße wie sein Schöpfer. Er besitzt obendrein die gleichen Vorlieben: Bücher aus dem Antiquariat, um nach vergessenem Wissen zu stöbern, alte Kunst und gutes Essen – vorzugsweise bei Meisterkoch Fabio Picchi, dessen Feinschmeckerlokal nur einen Steinwurf entfernt vom Untersuchungsgefängnis liegt, in dem sowohl Filastò als auch Scalzi häufig ihre Mandanten aufsuchen.

Bei so viel Übereinstimmung ist es nicht verwunderlich, dass sich ein Besucher der düsteren Kanzleiräume Filastòs fragt, ob die attraktive Assistentin nicht vielleicht die Vorlage zu der Geliebten Scalzis, Olimpia, sein könnte …

Die Konfrontation seiner Leser mit einer Alltagstoskana, die ein Urlauber niemals zu Gesicht bekommt, geschieht mit Bedacht. Er reagiere damit in gewisser Weise auf die landläufige Vorstellung einer Landschaftsidylle, die als Symbiose aus Natur und Kultur gefeiert wird, gesteht Filastò. Dieses Image ist für den kultivierten Mann nur eine grobe Skizze der Wirklichkeit: »Ich sage es einmal mit den Worten des Dichters Gabriele d'Annunzio: Wir sind es nicht und wir wollen es auch nicht sein, eine romantische Sonnenuntergangskulisse für Paare aus der ganzen Welt.«

Diese Toskanasehnsucht habe man den Engländern zu verdanken, seufzt Nino Filastò. Wer es sich auf der Insel leisten konnte, entfloh im 19. Jahrhundert dem strengen viktorianischen Klima der Heimat und ließ sich in der Hoffnung, dort frei und ungezwungen leben zu können, in der Arnostadt nieder. Ob es nun an der Sonne, an der Nähe zum Meer oder am Wein liegt, der besonders bekömmlich ist, der Zuwanderungsstrom ist seitdem nie mehr abgerissen. Nur seien die englischen »Besatzungstruppen« vielerorts durch deutsche oder amerikanische abgelöst worden, die immer noch auf der Suche nach ihrem Arkadien seien, fügt er bissig hinzu.

Nino Filastò findet dagegen, dass sich im Zeitalter der allmählichen Angleichung von Gewohnheiten, Bräuchen und Krisen, kurz Globalisierung genannt, das Leben in der Toskana nicht großartig von dem im Rest der westlichen Welt unterscheidet. Im Gegenteil! Die Region bekomme im Moment die Rechnung dafür präsentiert, dass das ehemalige Agrarland Italien viel zu schnell industrialisiert worden sei. Allerdings, so gibt der Skeptiker gerne zu, komme sie im Vergleich zu anderen italienischen Regionen noch vergleichsweise glimpflich davon. »Die Zubetonierung der Landschaft hält sich in Grenzen.«

Was ihn freilich schmerzt, ist die langsame Verwandlung der einstigen Kulturstadt Florenz in eine Art Eurodisney der Renaissance. Voller Wehmut erinnert er an die dreißiger Jahre, als Florenz eine Führungsrolle in der avantgardistischen Kultur innehatte. Im Zentrum der damaligen Bewegung stand *La Voce*, eine Wochenzeitschrift für Literatur, Philosophie, Politik und Kunst; im Café Giobbe Rosse trafen sich Poeten, Schriftsteller und Künstler der Zeit und diskutierten den Futurismus, während zur gleichen Zeit beim Maggio Fiorentino, dem Festival für zeitgenössische Musik, Musikgeschichte geschrieben wurde.

Heute, lautet sein abfälliger Kommentar, mache nur noch der städtische Fußballverein, die Fiorentina, die in die C-Liga strafversetzt wurde, von sich reden.

Für Nino Filastò steht daher fest: Florenz hat sich vom aktiven europäischen Kulturleben entfernt. Nur hin und wieder werde die Stadt noch von einigen nennenswerten Kulturereignissen gestreift, meint er resigniert und fällt das schlimmste aller Urteile für Kulturschaffende: Provinzialismus.

Er wäre nicht Schriftsteller, fiele ihm zur Beliebigkeit der florentinischen Kulturplanung nicht eine passende Anekdote ein. Sein verstorbener Freund, der florentinische Maler Ferdinando Farulli, erzählte sie ihm:

»Du kennst doch die kleine Pariser Bar bei Notre-Dame? Stell dir vor, du bist zu Besuch und trinkst dort in Ruhe deinen ›café crème‹. Plötzlich stellt sich jemand neben dich, ebenfalls ein Italiener, und fängt zu reden an. ›Schön, Notre-Dame!‹ ›Toll, Paris!‹ Und so. Das Geplänkel setzt sich eine Weile fort. Dann: – ›Was machen Sie denn so im Leben?‹ – ›Ich bin Kunstmaler!‹ – ›Kunstmaler?‹, sagt da der geschwätzige Landsmann. ›Das nenne ich einen Zufall! Ich bin Kulturreferent von Florenz!‹ – ›Nein wirklich?‹ – ›Ja, ganz bestimmt. Warum kommen Sie nicht einfach in unsere Stadt und machen eine Ausstellung? Ich organisiere das schon und bezahle alles. Übrigens, wie heißen Sie eigentlich?‹«

Das alles soll ihn in Kürze nicht mehr aufregen. Nino Filastò will seinen mittlerweile ungeliebten Beruf als Strafverteidiger, den, wie er bekennt, mit Würde auszuüben in Italien fast unmöglich geworden sei, demnächst an den Nagel hängen und sich nur noch der Schriftstellerei widmen. Er träumt von einem Lebensabend, nicht etwa in der Toskana, sondern in der Bretagne, wo er seit kurzem ein Haus besitzt. Er sei ein leidenschaftlicher Anhänger der *civiltà megalitica*, der Megalithkulturen der Jungsteinzeit, begründet er diese Entscheidung. Außerdem kenne er die Toskana zu gut und dürfe aus Gesundheitsgründen zudem keinen Wein mehr trinken. Was solle er also noch hier?

Nach kurzem Zögern gibt er selbst darauf eine Antwort. Er liebe Florenz und die Toskana, versichert er. Ganz besonders gefalle ihm ihre landschaftliche Vielfalt mit dem finsteren Mugello, dem heiteren Chianti, der kargen Crete und der wilden Maremma. Und außerdem, jedes Mal, wenn er von einer Reise nach Florenz zurückkehre, ziehe es ihn unwiderruflich an den Arno. Ein Blick von dort hinauf zur Kirche San Miniato, deren Mosaik an der Vorderfront bei jedem Wetter leuchtet, genüge ihm und es gehe ihm gut.

Also auch ein Fall von »Toskanitis«. Ihn wird es wohl nicht lange in der Fremde halten.

Fußball statt Hochkultur

Vom italienischen Umgang mit der zeitgenössischen Kunst

Sandro Chia ist nach Hause zurückgekehrt. Für einen Versuch, wie der gebürtige Florentiner vermerkt. Er will sehen, was passiert, wenn man Kunstwerke desselben Kulturkreises, jedoch aus verschiedenen Epochen einander gegenüberstellt. In einer Ausstellung im Archäologischen Museum von Florenz hat der Mitbegründer der neoexpressionistischen Künstlergruppe Transavanguardia eigene Bilder und Skulpturen mit etruskischen Fundstücken zu Installationen gemischt. Das Experiment ist gelungen. Der Dialog funktioniert. Ausgezeichnet sogar.

Gleichwohl hat Sandro Chia feststellen müssen: »In Florenz ist kein Platz für Gegenwartskunst.« Die Stadt, in der seiner Auffassung nach die Kunst erfunden wurde, habe es sich auf den Lorbeeren der Vergangenheit kommod gemacht.

Der Topos »Kunststadt Florenz« existiert nur noch als Idee, lautet sein Resümee. Es tue ihm Leid, dies sagen zu müssen, setzt der weltbekannte Künstler, der aus eigener Erfahrung weiß, wie anderswo der Kulturbetrieb funktioniert, noch einen drauf. »In Florenz herrscht arrogante Unwissenheit, was zeitgenössische Kunst betrifft.«

Beim Aufbauen der Ausstellung musste er erneut feststellen, dass in seiner Heimat bereits die Grundvoraussetzung für einen funktionierenden

Kulturbetrieb fehlt. Darunter versteht Sandro Chia die Bereitschaft aller Beteiligten, ob nun Künstler, Museumsleitung oder technisches Personal, spontan und selbstverantwortlich am Entstehungsprozess von Kultur mitzuarbeiten. Er hängt seine Beobachtung sozusagen an einem Nagel auf, den er für eine Installation brauchte:

Der Hausmeister im Museum weigerte sich den Nagel ohne ausdrückliche Erlaubnis in die Wand zu schlagen. Weil auch sein unmittelbarer Vorgesetzter diese schwere Verantwortung nicht auf sich nehmen wollte, wurde die Anfrage von Pontius zu Pilatus weitergereicht. Der Vorgang wiederholte sich, als ein Bohrer gebraucht wurde.

Das Ärgerlichste bei der ganzen Sache: Derjenige, der über Entscheidungsgewalt verfügte, befand sich weit weg, an einem anderen Ort, und wollte mit solchen Banalitäten natürlich nicht belästigt werden.

Es hätte nur noch gefehlt, dass der Arbeiter die Gewerkschaft kontaktierte, um sicher zu sein, dass solche Handreichungen wirklich in seinen Aufgabenbereich fielen, kommentiert Chia, der sich über dieses Aussitzen wider besseren Wissens noch immer nicht beruhigt hat.

In jedem Fall ist für ihn seitdem der Beweis erbracht: Im italienischen Kulturbetrieb regiert der Amtsschimmel. Mitarbeiter, die ihren eigenen Kopf benutzen, sind unerwünscht. Niemand ist ernsthaft daran interessiert, dass sich die Verhältnisse bessern.

Die florentinische Erfahrung hat ihn gelehrt: »Abhängigkeit ist die Voraussetzung dafür, dass das System funktioniert. Sie ist die Basis bürokratischer Macht.«

Im Grunde, versucht Chia seine Erkenntnis zu veranschaulichen, sei es wie bei der italienischen Kirche. »Je ärmer die Gläubigen, um so besser für den Priester. Dann kann er sicher sein, dass sie seinen kirchlichen Zuspruch für ihr Seelenheil suchen.«

Für die zeitgenössische Kunstproduktion sei diese Haltung jedoch fatal. Sie lähme jedwede Eigeninitiative, lege sich wie ein bleiernes Gewand über die gesamte Kulturlandschaft und verhindere Italiens Einzug in die Moderne.

Und das Wenige, das diesen Angriff auf den Unternehmungsgeist überlebt, fällt spätestens den verknöcherten Geschmacksrichtern im römischen Ministerium zum Opfer, die im zentralistisch organisierten italienischen Kulturbetrieb das letzte Wort haben und bisher noch jeden Versuch eines Dialogs von Alt mit Neu sabotierten. Die Direktorin des Archäologischen Museums, die dem Experiment zugestimmt hatte, hat dem Künstler ihr Unbehagen bei dem Gedanken an die zu erwartende Reaktion aus Rom gestanden.

Chias Moral von der Geschicht': Italien unterscheidet sich grundsätzlich von Ländern wie Deutschland und den Vereinigten Staaten, wo sogar Museen für Zeitgenössische Kunst gebaut werden und sich Privatleute an der Finanzierung von avantgardistischen Projekten beteiligen. Der reiche Italiener unterstützt lieber seinen Fußballverein, lautet Chias vernichtende Erkenntnis.

Die zeitgenössische Kunstlandschaft in Italien sieht in der Tat öde aus. Gerade einmal zwei Museen zeigen dank Sponsorengeldern und regionalen Zuschüssen internationale Gegenwartskunst. Das eine steht in Prato, der Nachbarstadt von Florenz, das andere im fernen Turin. Galeristen, die junge, unbekannte Künstler fördern, gibt es kaum. Und Ausstellungen, die Kunst nach 1945 zeigen, klagen über niedrige Besucherzahlen.

Wolle Italien Anschluss an den internationalen Kulturbetrieb bekommen, müsse es schon die Welt anhalten, seufzt Sandro Chia resigniert. Nur so hätten seine Landsleute eine Chance, ihre Rückständigkeit aufzuholen. Wäre er Staatspräsident, verordnete er als Erstes Fremdsprachenunterricht und das Lesen ausländischer Zeitungen, damit die Italiener endlich weltmännischer würden.

Dann würden sie bei einem Blick in diese Zeitungen vielleicht feststellen, dass nicht überall nur über Landespolitik berichtet oder jeden Tag Wahlkampf betrieben wird. Kunst und Kultur seien in Italien hingegen zu Marginalien verkommen. Chias Resümee: »Die Innenpolitik besetzt die ganze Aufmerksamkeit. Sie ist die zeitgenössische Kunst Italiens.«

Die Büffelin

Lebensskizze einer energischen Galeristin

»So tun, als ob ich bescheiden wäre?« Die Neunzigjährige Maria Luigia Guaita kann sich das Lachen nicht verkneifen. Sie denke nicht einmal im Traum daran, meint die gebürtige Pisanerin mit Wohnsitz in Florenz herausfordernd, auch wenn man sie deswegen für rechthaberisch halte. Nicht umsonst habe sie ihre Galerie für Kunstdrucke im florentinischen Altstadtviertel San Niccolò »Il Bisonte« getauft, fügt sie augenzwinkernd hinzu. *Il bisonte*, Büffel zu Deutsch, sei nicht nur Name und Symbol der Galerie, sondern auch ihr Alter Ego. Sie sei wie dieses Steppentier: friedfertig, jedoch furchtlos, wenn es gelte, sich zu verteidigen.

Jeden Morgen punkt elf Uhr erscheint die energische alte Dame in ihrer Galerie und nimmt für einige Stunden das Zepter selbst in die Hand. Von ihrem Schreibtisch aus kontrolliert sie die Mitarbeiter, führt die Verkaufsverhandlungen, erledigt die Korrespondenz und entscheidet, ob ein Künstler zu ihrer Kunstdruck-Kollektion passt.

Die hohen Wände ihres Büros hinter dem Ausstellungsraum hängen bis zur Decke voller Zeichnungen. Es sind Zeugnisse jener Jahre, in denen hochrangige Künstler wie der Deutsche Paul Wunderlich und der Amerikaner Alexander Calder in der kleinen Galerie in der Via San Niccolò ein- und ausgingen. Besonders stolz ist Maria Luigia Guaita auf ein Frauenporträt von Pablo Picasso. Es ist die einzige Lithografie, die der Spanier jemals in Italien anfertigte. Gerne erzählt sie auch davon, dass sie es war, die den Engländer Henry Moore Anfang der siebziger Jahre für eine große Retrospektive in der alten Stadtburg Forte Belvedere nach Florenz holte.

Maria Luigia Guaita hatte sich bei der Eröffnung ihrer Galerie im Jahr 1960 auf Lithografien zeitgenössischer Künstler spezialisiert. Die Künstler brauchten oft Wochen, um ihre Vorlagen aus Solnhofener Kalkschieferplatten in der galerieeigenen Druckwerkstatt selbst anzufertigen. In dieser Zeit wurden viele der anfangs reinen Arbeitsverhältnisse zu Freundschaften.

Als zu Beginn der achtziger Jahre die arbeitsaufwändige Steindrucktechnik durch schnellere Druckverfahren abgelöst wurde, wandelte Maria Luigia Guaita die Druckerei in eine private Schule für Kunstdruck um. Sie wollte verhindern helfen, dass traditionelle Techniken wie Kupferstich und Steindruck in Vergessenheit gerieten.

Die Resonanz gibt ihr bis heute Recht. Die mehrmonatigen Kurse für Kunststudenten aus der ganzen Welt sind immer belegt. Als sie zum vierzigjährigen Jubiläum ihrer Galerie einen Wettbewerb für Kunstdruck ausschrieb, konnte sie zudem feststellen, dass die besten der eingesandten Lithografien von Exschülern stammten. Für sie ist es das schönste Kompliment. Der Umgang mit den jungen Menschen erhält sie jung. »Die Schule ist mein Lebenselexier«, gesteht sie und dabei werden ihre markanten Gesichtszüge plötzlich weich.

Maria Luigia Guaita hat in ihrem Leben zahlreiche Berufe ausgeübt. Wollhändlerin, Galeriebesitzerin, Verlegerin, Schulleiterin, um nur einige zu nennen. Neben Erfolg waren Zufall und Glück ihre ständigen Begleiter, wie auch eine Episode aus ihrer Partisanenzeit während des Zweiten Weltkriegs belegt.

Die junge Frau sollte Waffen, die in den umliegenden Bergen abgeworfen wurden, in die Renaissancestadt schmuggeln. Ihre Partisanengruppe »Giustizia e Libertà« plante in Florenz einen Anschlag auf die deutschen Besatzer. Sie radelte also hinaus, übernahm die Waffen und verstaute sie in ihrem Fahrradkorb unter dem Gemüse. Mit Herzklopfen kehrte sie in die Stadt zurück. An einer Arnobrücke geriet sie in eine Kontrolle. Natürlich wollten die deutschen Soldaten von ihr wissen, was sie im Korb mit sich führte. »Bomben«, antwortete sie schnippisch und war überzeugt, dass ihr letztes Stündchen geschlagen habe. Stattdessen gab ihr ein Soldat amüsiert einen Klaps auf den Hintern und ließ sie mit einem »Addio, du Schöne« passieren.

»Damals habe ich entdeckt, dass ich gute Nerven besitze«, kommentiert sie das Ereignis aus der Distanz. Diese Eigenschaft habe ihr bis heute immer wieder gute Dienste geleistet.

Nach dem Krieg wurde die gelernte Bankkauffrau, natürlich durch Zufall, zunächst einmal Wollhändlerin in der florentinischen Nachbarstadt Prato. Damit verdiente sie zwar viel Geld, doch schon bald langweilte die Arbeit sie. Maria Luigia Guaita wechselte das Metier und wurde Journalistin, ebenfalls nur für kurze Zeit. Denn bereits in einem ihrer ersten Artikel legte sie sich mit der katholischen Kirche an. Unter dem Titel »Die Konkubinen von Prato« berichtete sie über den Bischof Monsignor Fiordelli, der von der Kanzel aus die Behinderung eines kriegsversehrten Partisanen als Strafe Gottes angeprangert hatte. Der Grund für diese Abkanzelung: Der Mann war Kommunist und demzufolge nur standesamtlich getraut.

Monsignore Fiordelli wurde versetzt. Doch auch für Maria Luigia Guaita hatte die Geschichte ein Nachspiel. Sie musste das katholische Italien vorübergehend verlassen. Ihre Geschäftspartner hätten ansonsten keine Wolle mehr verkauft.

Die Auszeit verbrachte die streitbare Frau in Schottland, wo sie bei einer befreundeten Kunstmalerin die Steindrucktechnik kennen lernte. Als sie drei Jahre später nach Florenz zurückkehrte, hatte sie bereits ihre nächste Karriere im Visier. Anstatt jedoch selbst Kunstdrucke herzustellen, lud sie lieber namhafte zeitgenössische Künstler in ihre galerieeigene Werkstatt ein. Im Grunde ist es müßig zu erwähnen, dass in den darauf folgenden vierzig Jahren ihre Galerie »Il Bisonte« zu einer florentinischen Institution wurde.

Seit kurzem erinnert eine Couch im Büro daran, dass auch die Kräfte einer Maria Luigia Guaita nachlassen. Allerdings ist der Ruheplatz bisher die einzige Konzession ans Alter. Noch immer schmiedet die eigensinnige Dame Zukunftspläne. So hat sie es sich zur Aufgabe gemacht, Florenz zu einem Kulturzentrum in der Art des venezianischen Palazzo Grassi zu verhelfen, wo publikumswirksame Ausstellungen organisiert werden sollen. Ihrer Meinung nach ist es der Arnostadt nicht gelungen, ihrem Ruf als Kunstmetropole gerecht zu werden. Vor allen Dingen den jungen Leuten fehle ein Treffpunkt in Sachen zeitgenössische

Kultur, mit Ausstellungsräumen, Bibliothek und abwechslungsreichem Veranstaltungsprogramm, bedauert sie. In diesem Fall müssten sie nicht mehr gleich schulklassenweise dazu verdonnert werden, sich die Uffizien mit den alten Meistern »anzutun«.

Ein geeignetes Objekt hat Maria Luigia Guaita bereits gefunden, den Palazzo Serristori. Der heruntergekommene Stadtpalast am linken Arnoufer steht seit Jahrzehnten leer. Den passenden Sponsor hat sie ebenfalls im Kopf, den Multimilliardär Bill Gates, womit sie ganz nebenbei beweist, dass sie wirklich noch mitten im Leben steht.

Sie habe gehört, meint sie herausfordernd, dass der Computerkönig viel Geld für wohltätige Zwecke spende, besonders für die Erforschung von Krankheiten. »Ist nicht auch unsere Jugend heute schwer erkrankt, an mangelnder Begeisterung und mangelnder Bildung?«, fragt sie und fordert ihn auf: »Bill Gates, hilf ihr, gesund zu werden!«

Wie schon gesagt: Bescheidenheit war nie ihre Sache.

Kunst oder Therapie?

Die florentinische Kunstwerkstatt La Tinaia

»La Tinaia« steht auf einem gelben Schild an der Wegkreuzung mitten im florentinischen Parkgelände San Salvi. Der Name taucht erst wieder an einer verschlossenen Glastür eines gelb getünchten Gebäudes aus der Gründerzeit auf. Obwohl sie mit Ausstellungsplakaten zugeklebt ist, erlaubt die Tür den Blick auf einen langen, breiten Korridor, rechts und links davon einige offene Türen und am Ende ein großer Saal. »Laboratorio di ceramica« verkünden die großen Lettern neben der Tür. Gleichwohl dringt der Geruch von Ölfarbe in die Nase, als eine hübsche junge Frau die Glastür schließlich öffnet. Ihre Begrüßung geht im Getöse eines Schnellzugs unter, der im Hintergrund auf der Strecke Florenz–Rom vorbeibraust. Die Information, dass zur Kunstwerkstatt auch das flache Nebengebäude gehört, ist schon wieder besser zu verstehen. Und die Erklärung, dass darin das nach Namen, Jahreszahl und Größe geordnete Archiv mit Tausenden von Bildern und Tongefäßen untergebracht ist, fügt Erzieherin Katiuscia Carini noch hastig hinzu, während das Surren der Gleise bereits den nächsten Zug ankündigt.

Die Arbeiten im Archiv stammen von Patienten der Psychiatrischen Klinik Vincenzo Chiarugi. Zur Zeit wird die florentinische Kunstwerkstatt La Tinaia von vierzehn Männern und Frauen zwischen fünfundzwanzig und sechzig Jahren besucht. Sie leben entweder in der Klinik im heute öffentlichen Parkgelände San Salvi, in der Familie oder in einer betreuten Wohngemeinschaft. Und sie kommen jeden Vormittag her, sechsmal in der Woche, um – finanziert vom örtlichen Gesundheitsamt – zu malen, zu zeichnen und um Ton zu formen.

Das ist ganz im Sinne des Keramikers Giuliano Buccioni und des Kunstlehrers Massimo Mensi. Die beiden hatten La Tinaia im Jahr 1975 ins Leben gerufen, als sie eher zufällig als Pfleger für den psychiatrischen Dienst arbeiteten.

Damals waren, im Zuge einer Psychiatriereform, die der Psychiater Franco Basaglia einleitete, die geschlossenen Anstalten Italiens gerade geöffnet worden. Weil die chronisch Kranken allerdings häufig unter menschenunwürdigen Bedingungen regelrecht interniert gewesen waren, suchten die Anhänger der so genannten *psichiatria democratica* nach neuen Formen, um den Patienten eine Wiedereingliederung in die Gesellschaft zu erleichtern.

Giuliano Buccioni und Massimo Mensi probierten es mit der Kunst. Allerdings wollten sie ihr Projekt nicht als Vehikel zur Normalisierung psychotischer Patienten verstanden wissen. In ihrer Kunstwerkstatt La Tinaia sollten keine gängigen Kunsttherapien angeboten werden, bei denen es in der Hoffnung auf Besserung, wenn nicht sogar Gesundung, eine gewisse Anzahl von Sitzungen mit genau definierten Techniken gab. Den beiden Künstlern ging es vielmehr um die Förderung der Kreativität. Sie wollten die Patienten dabei unterstützen, sich auf ganz individuelle Weise auszudrücken.

So gehört es bis heute zu den Grundprinzipien

von La Tinaia, dass nicht für den Papierkorb oder für das Familienlob gearbeitet wird. Die Werke stehen zum Verkauf und die besten kommen in die Werkstattkollektion.

Seit 1975 werden deswegen regelmäßig Ausstellungen mit Werken der Patienten veranstaltet, ob nun in der Eingangshalle der Klinik oder in einer Galerie in New York. Im Moment hängen einige der Bilder in der Ausstellung »Irreguläre Kunst in Europa zwischen Ästhetik und Therapie« in Genua.

Und natürlich wird auch dieses Mal im begleitenden Ausstellungskatalog darauf verwiesen, dass die Arbeit mit Farben und Ton die Patienten zu mehr Selbständigkeit anregt, sie aus der Isolation holt und ihren Umgang mit Außenstehenden fördert.

Betritt man jedoch die Räume der Kunstwerkstatt, merkt man sofort, dass das künstlerische Schaffen für die Kursteilnehmer vor allen Dingen eines ist: Ein lieb gewordener Zeitvertreib. Der lange, dürre Giorgio, der konzentriert über einer neuen Zeichnung hockt, bestätigt das gerne. »Un passatempo, un passatempo«, murmelt er ununterbrochen vor sich hin. Sein Singsang ist noch im Nebenraum zu hören, wo Antonio arbeitet. Für den Fünfzigjährigen, der seit zwei Jahren beinahe täglich herkommt, bedeutet das Malen jedoch weitaus mehr. Er male nur faschistische Mörder, erklärt er anfangs noch bereitwillig. Und Raumschiffe, um aus dieser Welt zu entfliehen. Das befreie ihn. So könne er sich entspannen.

Der ehemalige Kunsterzieher, dessen Psychose sich erst spät bemerkbar machte und der seitdem wieder bei seiner Mutter lebt, malt sich in der betreuten Atmosphäre von La Tinaia seinen Verfolgungswahn von der Seele. Bannt die innere Welt, die ihn bedrängt, auf die Leinwand.

Unbeweglich betrachtet er ein soeben fertig gestelltes Ölgemälde. Im Vordergrund eine stilisierte Männergruppe, muskulös, nackt, nur mit dicken rot-weißen Strichen angedeutet; im Hintergrund ein Mann mit Schweinsgesicht und blauem Anzug, der den Muskelprotzen Dollarnoten zusteckt. Ein beunruhigendes Bild.

»Eine Folterung«, erklärt Antonio mit schon etwas aggressiverem Unterton. »Der Mann ist ein Schwein. Er bezahlt dafür, dass er beim Foltern zusehen darf.« Das kleine schwarze Messer in der Hand eines der Muskelprotze und die blutende Wunde bei dessen Gegenüber sind auf den ersten Blick leicht zu übersehen.

»Delirium der Omnipotenz«, kommentiert Antonio verächtlich. »Delirium der Omnipotenz.« Dann dreht er seinem Alptraum den Rücken zu.

Nebenan sitzen gleich vier Patienten, zwei Männer und zwei Frauen, an einem großen Tisch. Katiuscia Carini geht von einem zum anderen, gibt Anregungen, ermuntert, besorgt Material.

»Lass mich arbeiten«, faucht Marco sie an, als sie sich ihm freundlich nähert. Dann wendet er sich erneut seinem Zeichenblatt zu.

Angela hingegen, eine dickliche Frau mittleren Alters, das Gesicht voller Ölfarbe, erläutert gerne ihre Bilder. Es ist allerdings nicht einfach, ihren Ausführungen zu folgen. Zu viele Jahre hat sie in geschlossenen Anstalten mit sich allein verbracht. Sie sucht beim Reden nach Worten, die sie – einmal gefunden – dann triumphierend ständig wiederholt.

Doch mit etwas Geduld erfährt man, dass ihr das Malen viel bedeutet. Eben weil die Zeit dabei vergeht.

Angelas Bilder sind figürlich, naiv, manchmal auch infantil. Damit habe sie bei einer Ausstellung in Chicago das Publikum erobert, erzählt Werkstattleiterin Dana Simionescu, die Witwe des Gründers Massimo Mensi, die hinzugetreten ist.

»Ich male, was ich sehe«, verkündet Angela mit zaudernder Mädchenstimme. »Ich male, was ich sehe und was es gibt.« Dies sei eine Heranwachsende, die sich an einem Feuer wärme, stammelt sie mit Blick auf eine rosa Gestalt auf blauem Grund vor gelbem Fleck.

»Angela hat sehr viel Vorstellungskraft«, unterbricht Dana Simionescu das zögerliche Suchen nach Erklärungen. »Sie erfindet gerne.«

Angela widerspricht mit Quengelstimme: »Ich erinnere mich genau, was ich gemalt habe.« Und wie zum Beweis zieht sie eine ähnliche Zeichnung hervor: »Dies ist …«, und nach kurzer Pause, »ein Mädchen, das bei Sonnenaufgang aufwacht und die Sonne sieht.«

Auf der Rückseite des Blattes steht noch ein Gedicht, von Angela verfasst. Sie liest es vor. Dieses Mal spricht sie ganz ohne zu stocken.

»Das Schwimmbad.
Wasser – Weiten, unendlich
den Straßen des Himmels gleich.
Alle tauchen dort ein,
steigen aus den Fluten:
rein – wie die Reinheit des Herzens …
– Das ist die Liebe.«

Kunst oder Therapie? Die laufende Diskussion, ob Kunst nur schön, edel und erhaben zu sein habe oder ob man nicht doch vielleicht auch über die Kunst Kranker an den Kern von Kreativität gelange, berührt die Patienten der florentinischen Kunstwerkstatt La Tinaia nun wirklich nicht. Sie wollen, dass es ihnen gut geht, dass sie ernst genommen werden. So ganz anders als zu der Zeit, als sie bloß in den psychiatrischen Abteilungen geparkt wurden. Und in La Tinaia geht es ihnen gut, urteilt Katiuscia Carini, die erst seit zwei Wochen dort arbeitet und noch die Atmosphäre einer traditionellen psychiatrischen Einrichtung der Arnostadt in Erinnerung hat. »Vielleicht«, sagt sie nachdenklich, »kommt ihre Zufriedenheit ja wirklich durch den Umgang mit der Kunst.«

Spoerris Poesiealbum

Ein Skulpturengarten zwischen Zypressen

Die Zimmertür steht offen und gibt den Blick frei: in der Mitte ein Tisch, darauf benutztes Geschirr, der Stuhl weggerückt, als wäre der Bewohner gerade erst aufgestanden; an der Wand ein ungemachtes Bett, davor ein nachlässig auf den Boden geworfenes Buch, ein Paar Männerschuhe; hinter der Tür eine Kofferablage, auf einem Kleiderbügel eine Männerhose, ein Hemd; links auf einem Seitenregal ein verstaubter Gaskocher samt dreckiger Pfanne; auf dem Fensterbrett ein Aschenbecher voller ausgedrückter Zigaretten.

Zweifelsohne: eine Studentenbude. Allerdings in Bronze gegossen. Das Original befand sich Anfang der sechziger Jahre in Paris, im Hotel Carcassonne in der Rue Mouffetard 24. Das maßstabgetreue Abbild hingegen steht schief am Hang in der Südtoskana und bringt Besucher beim Betrachten aus dem Lot.

»Bruno Corà, der Direktor des Pecci-Museum in Prato, sagte mir nach seinem Besuch: Daniel, das ist deine Sixtinische Kapelle.«

Nicht schlecht, dieser Vergleich mit Michelangelos Meisterwerk für einen zeitgenössischen Künstler! Daniel Spoerri muss selbst darüber lachen. Allerdings bezeichnet auch er das bronzene Abbild des Zimmers, in dem seine Künstlerlaufbahn begann, als Höhepunkt seines Skulpturengartens beim Bergdorf Seggiano. Mehr als siebzig

Werke, eigene und die anderer Künstler, stehen dort auf Blumenwiesen und zwischen Zypressen, Ginsterbüschen und Olivenbäumen.

Ende der achtziger Jahre stieß der erklärte Stadtmensch Spoerri eher zufällig auf das verwilderte Grundstück am Monte Amiata. Ohne lange zu zögern kaufte er das Anwesen mit den zahlreichen Nebengebäuden. Vielleicht, weil es bezahlbar war, vielleicht aber auch, weil die Gegend Paradies genannt wurde und er somit »die Gewissheit hatte, wenigstens eine Zeit lang im Paradies gewesen zu sein«, wie er schmunzelnd zugibt. Denn eigentlich hatte er bereits als Kind einen Horror vor der Natur. Selbst die gezähmte Version in der Toskana war ihm ein Gräuel. »Natürlich gefällt es mir jetzt, aber es war eben nicht etwas, was ich mir gewünscht hätte.«

Vor allen Dingen war das Grundstück derart groß, dass er anfangs gar nicht wusste, was er damit anfangen sollte. Doch dann kam eins zum anderen. Zuerst renovierte er den Gutshof und die Stallungen nach toskanischer Manier. Und natürlich stellte er im Garten eigene Objekte auf, bekam weitere von Freunden geschenkt, von der Schweizer Stoffkünstlerin Eva Aeppli beispielsweise, einer »uralten Freundin«. Und heute ist der Garten mit dem kryptischen Namen »Hic terminus haeret – Hier haftet die Erde« so etwas wie ein Hauptberuf, der den Künstler »quasi auffrisst«. Spoerri wandelte ihn in der Zwischenzeit zwar zu einer Stiftung um und übergab die Verwaltung dem Landschaftsbetreuer Massimo Alessandri und der Sekretärin Patrizia Cianchi. Doch verwendet er nach wie vor viel Zeit darauf, Sponsoren für die Objekte zu suchen, die fast alle in

Bronze gegossen sind, und sich darum zu kümmern, den Park bekannt zu machen. Kunstfreunde müssen sich schon Mühe geben, den Garten zu finden, denn Seggiano liegt ziemlich abgelegen. Laut Spoerri lohnt der Umweg allemal: »vaut un detour« zitiert er aus dem Michelin-Führer.

Daniel Spoerri, jetzt also der Skulpturengartenbesitzer. Für den Künstler ist es nur eine weitere Station eines Lebens, in dem er vieles war: Tänzer, Regisseur, Restaurantbesitzer, bildender Künstler, Akademieprofessor.

Geboren 1930 als Daniel Isaac Feinstein im rumänischen Galati und aufgewachsen in der Schweiz, gehörte Spoerri zu den Mitbegründern des Nouveau Realisme, einer Künstlergruppe in Paris, die – angeregt durch die Idee des Readymade und durch die Wiederentdeckung von Dada – aus Abfällen und Fragmenten der Massenzivilisation ihre Werke schufen. Später machte er bei Fluxus mit und erregte mit seinen Fallenbildern Aufsehen. So werden seine Objekte genannt, bei denen er Reste einer Mahlzeit auf die Tischplatte klebte und als Bilder an die Wand hängte.

In Bronze gegossen – wie alle Werke, die es ihm wert erschienen – haben sie heute ihren Platz im Skulpturengarten, dem seine Gefährtin Katharina Duwen den Namen »Spoerris Poesiealbum« gab.

Die Bezeichnung hält er für zutreffend. Bis auf wenige Ausnahmen stelle er dort nur Werke von Freunden auf. Der Begriff habe ihm so manches Mal als Ausrede gedient, gibt er zu, um Anfragen von Künstlern und Galeristen abzulehnen, die bei ihm ihre Werke ausstellen wollten. »So konnte ich sagen: Es ist das Prinzip des Gartens, Werke von

Freunden zu versammeln.« Schließlich wollte er keinen Museumspark schaffen.

Aufgenommen in sein 16 Hektar großes »Poesiealbum« hat er unter anderem die kosmischen Gruppeninstallationen Eva Aepplis. In einer Scheune unterhalb des Wohnhauses rumpelt auf Knopfdruck eine von Jean Tinguelys grotesken Schrottmaschinen. An den Außenmauern der Gebäude verdrehen André Thomkins Palindrome den Sinn und auf einer kleinen Anhöhe bringt der Wind eine aus meterlangen Aluminiumröhren gefertigte Klangskulptur des Spaniers Jesus Raffael Soto zum Klingen.

Zu jeder Skulptur weiß Daniel Spoerri eine Geschichte zu erzählen. Das war schon in Düsseldorf und München sein Markenzeichen, als er noch an den Akademien lehrte. Mit für ihn typischem Hintersinn nannte er seine Vorlesungen »Kunstgeschichte aus dem Nähkästchen«. Anstatt den Studenten Kunsttheorien zu vermitteln, erzählte er ihnen lieber, wer von seinen Künstlerfreunden was mit wem hatte und wer, warum, in welcher Beziehung zu ihm stand.

So erfährt man bei einem gemeinsamen Spaziergang durch seinen Garten, dass ihm die Idee zu dem winzig kleinen Eiffelturm auf einer meterhohen Steinsäule von Nam June Paik suggeriert wurde. Der Freund aus Fluxus-Tagen, der heute im Rollstuhl sitzt, sei von seiner eifersüchtigen Frau daran gehindert worden, sich für Spoerri eine eigene Arbeit auszudenken. Ihm blieb nur die Zeit für eine Botschaft: »Tell him to make something as big as the Eiffeltower.« Auch am »Tintin-Elefanten«, einem dreibeinigen Landvermesserstativ, auf das der Künstler eine alte

Trockenhaube setzte, ist das Nachhaltigste die Entstehungsgeschichte: Dem Kauf des Dauerwellenapparates auf dem Pariser Flohmarkt ging eine lange Verhandlung voraus. Der Verkäufer verlangte zweitausend Franc für die verrostete Maschine mit der Begründung, da könne einer wie Spoerri eine teure Ready-made-Skulptur draus machen.

Landschaftswitze nennt Daniel Spoerri die verschmitzten Arbeiten, die bei den Betrachtern immer wieder Verblüffung hervorrufen. Es freut ihn, wenn die friedvolle Stimmung unter dem Monte Amiata plötzlich von einem verhaltenen Kichern oder einem dröhnenden Gelächter unterbrochen wird. Dann steht garantiert ein Besucher vor dem Springbrunnen mit abstrakter Bronzeskulptur, die sich erst beim genauen Hinschauen als Ansammlung von Fleischwölfen entpuppt, hat Platz genommen auf einem der Grassofas, mit denen Spoerri Vorbeihastende auf dem Münchener Königsplatz zum Verweilen einlud, oder ist über den in Bronze gegossenen Haufen aus Filzpantoffeln – eine Hommage an Beuys – gestolpert.

Unterhaltsam und lehrreich, so lautet durchweg das Urteil über den Garten, in dem der Künstler vor allem eines erreichen wollte: die Skulpturen so behutsam wie möglich in die Natur zu setzen. Denn das hat das toskanische Landleben den Egozentriker gelehrt: Die Natur wird noch da sein, wenn die Objekte längst verfallen sind. »Sie haben nur ein Wohnrecht, wie wir Menschen auch.«

Der Kunst den konkreten Raum zurückgeben

Ein Unternehmer und seine Idee von Kunstförderung

Seit zwanzig Jahren steht das Labyrinth aus weißgrün gestreiftem Marmor des amerikanischen Künstlers Robert Morris nun schon in seinem Landschaftsgarten. Trotzdem amüsiert sich Giuliano Gori jedes Mal von Neuem, wenn er sieht, wie erstaunt seine Gäste sind, wenn sie von einem Hochsitz aus feststellen können, dass es sich um ein schräg auf die Wiese gesetztes, gleichseitiges Dreieck von nicht einmal fünfzehn Meter Seitenlänge handelt. Vorher hat er sie meistens aufgefordert das Labyrinth zu betreten. Fast ausnahmslos haben sie in dem nur achtzig Zentimeter breiten, nicht enden wollenden Gang zwischen zwei Meter hohen Marmorwänden sofort jedes Gefühl für Raum und Zeit verloren und kannten zum Schluss nur den einen Wunsch: »Raus! Raus! Raus aus dieser Installation!« Genau das sei Morris' Absicht gewesen, erklärt Gori lächelnd: »Er wollte zeigen, dass nur der Verstand uns aus dem Chaos der Welt führen kann.«

Von dem Hochsitz aus überblickt der toskanische Unternehmer obendrein einen großen Teil seiner Fattoria di Celle. Das Gut in den Apenninausläufern östlich von Pistoia ist seit 1970 in seinem Besitz. In den restaurierten Räumen der Villa und den Stallungen brachte der kunstvernarrte Stoffhändler seine Privatsammlung der Moderne und der Gegenwart unter. Im dazugehörigen romantischen Landschaftsgarten, der bereits 1848 angelegt worden war, schuf er indes ein Freiluftmuseum für zeitgenössische Kunst, das seinesgleichen sucht. Vierzig namhafte Künstler bauten dort seit 1981 mehr als sechzig Rauminstallationen und Skulpturen auf. So wächst, um nur einige zu nennen, ein Bronzebaum des Belgiers Jean Michel Folon aus einer Vogelvoliere, kann der Besucher den »Pfad einer Liebe« aus Holzplanken und Stahlschienen abschreiten, den der Kanadier George Trakas in einem Waldstück angelegt hat, oder will der Israeli Dani Karavan mit einem weißen Betonstreifen zu einer Stippvisite an einen verborgenen See verleiten.

Gori wollte einfach keine Werke mehr sammeln, die an einem anderen Ort entstanden waren, er wollte der Kunst den konkreten Raum zurückgeben. Vorbilder waren ihm die Kirchenfürsten, die Zeitgenossen beauftragt hatten die Gotteshäuser mit Fresken, Bildern und Skulpturen zu schmücken. »Arte Ambientale«, die Landschaftskunst, schien ihm für sein Projekt die geeignete Ausdrucksform. Die Zeiten, in denen sich Sammler die Bilder zum privaten Genuss an die eigenen Wände hingen, gehören seiner Meinung nach längst der Vergangenheit an. »Kunst lässt sich am besten in größerem Zusammenhang genießen.« Von Kunstkritikern wie Manfred Schneckenburger oder Kunsthistorikern wie Renato Barilli wurde er dabei beraten. Amnon Barzel, Museumsdirektor erst in Prato, dann in Berlin, half ihm eine Liste mit geeigneten Künstlern zusammenzustellen.

Giuliano Gori kauft somit keine Kunst. Er lädt

die Künstler ein, einige Wochen oder Monate bei ihm und seiner Familie zu verbringen und für einen ausgewählten Ort der Fattoria di Celle ein dauerhaftes Kunstwerk zu schaffen. »Es gibt nichts Schöneres als dabei zu sein, wenn Kunst entsteht«, schwärmt er. Die Werke sind ihm lieb wie eigene Kinder, die Künstler samt Familien hat er sozusagen adoptiert. Schließlich haben sie manchmal monatelang gemeinsam um die richtige Form gerungen, sahen das Werk wachsen, überwanden Schwierigkeiten und feierten das Resultat. Möglich ist dies alles nur, weil er seine gesamte Familie hinter sich weiß. Sowohl Ehefrau Pina als auch seine Kinder und Enkel teilen seine Leidenschaft für die Kunst. Tochter Stefania hat die Arbeit rund um den Garten zu ihrem Beruf gemacht. Sie betreut die Ausstellungen und organisiert Besichtigungen für angemeldete Besucher.

Nachdenklich verweilt der Sammler bei seinem Rundgang vor einem großen grauen Stein in einer kleinen Baumgruppe, der aussieht, als habe er schon immer dort gestanden. Der Monolith aus toskanischer *pietra serena* wirkt jedoch nur auf den ersten Blick unbehauen. Bei näherem Hinschauen lassen sich feine Schnitte erkennen, durch die am Nachmittag das Sonnenlicht ein Muster auf den Boden zeichnet. Genau das wünsche er sich vom Künstler, kommentiert Giuliano Gori: Ein Werk, das sich harmonisch in die Natur integriert, »sozusagen Teil des Ortes wird«. Es beeindruckt ihn, mit welcher Einfachheit dem deutschen Bildhauer Ulrich Rückriem dieser Auftrag gelungen ist. »Ein optimaler Künstler, freilich mit schwierigem Charakter«, murmelt er vor sich hin, während er sich zum Weitergehen anschickt.

Es käme dem bescheiden lebenden Mann, der jeden verdienten Euro in seinen Landschaftsgarten steckt, niemals in den Sinn, sich als Mäzen zu bezeichnen. Nicht einmal der Begriff Sponsor – »Industrieller, der Geld gibt, um den Ruf seiner Firma zu verbessern« – scheint ihm zutreffend. Für Gori ist Sammeln eine Lebensentscheidung. Es stört ihn weiter nicht, dass er aus dem Kunstmarkt herausgefallen ist. »Kunst ist keine Handelsware«, sagt er bestimmt. Seine Arbeiten lassen sich nicht verkaufen, sie sind noch nicht einmal ausleihbar. Sie werden in Celle für Celle gemacht und sind an das Geschick des Ortes gebunden. Sie können, wenn überhaupt, nur der Zeit zum Opfer fallen.

Giuliano Gori, der aus Prato stammt, begann schon früh sich für die zeitgenössische Kunst zu interessieren. Bereits in den fünfziger Jahren fand er Gleichgesinnte, für die Kunst ebenfalls etwas Lebendiges bedeutete, etwas, das aus der eigenen Zeit kommen sollte. Man traf sich regelmäßig, tauschte Erfahrungen mit Künstlern aus und stachelte sich gegenseitig zum Kauf von Gegenwartskunst an.

Die Sammler aus Prato wollten an die Tradition der Kunstförderung in der Toskana anknüpfen. Kein leichtes Vorhaben, erinnert sich Gori, der meint, dass der Mensch die Tendenz hat, sowohl Vergangenheit als auch Zukunft überzubewerten. Das gelte auch für die Kunst. »Wir heute bestimmen, was ein Gemälde aus der Vergangenheit wert ist.« Ihm sei das richtig klar geworden, als er die Gelegenheit hatte, sich die Inventarliste Lorenzo dei Medici anzuschauen. Dabei stellte er zu seiner großen Verwunderung fest, dass der florentinische Kunstmäzen aus dem 15. Jahrhundert zu Lebzeiten für ein besticktes Tischtuch mehr bezahlt hatte als für ein Bild von Fillipo Lippi. Diesen Widerspruch würde Gori gerne aufgehoben wissen.

Er jedenfalls will der Gegenwart größere Bedeutung beimessen. In der Kunst und im Leben. Als Leitmotiv dient ihm ein Ratschlag seines Freundes, des Malers Sebastiano Matta: »Giuliano, bring das Leben nicht zur Bank.« Ob ihm das jedoch gelinge, wisse er natürlich nicht.

Es gelingt ihm, zweifelsohne. Man braucht dem Siebzigjährigen mit den unglaublich lebendigen Augen nur einmal in ein abschüssiges Bambuswäldchen zu folgen. Dort hinein, in eine Mulde unter dichtem Blätterdach, das das Sonnenlicht filtert, haben der Amerikaner Robert Morris und der Italiener Claudio Parmigiani das neueste Werk gesetzt. Die Gemeinschaftsarbeit ist eine dreidimensionale Interpretation von Dürers Meisterwerk »Melancholia«. Die fünf riesigen Elemente aus Marmor und Bronze, die Kugel, die Säule, die Glocke, der Quader, die Scheibe, scheinen wie von Zauberhand in der Bewegung erstarrt, während in schmalen Lichtschächten Schmetterlinge zum Meditationsgesang von Grillen tanzen. Ganz andächtig genießt Giuliano Gori die Magie des Ortes und hier, wo die Natur den Ton angibt, wird deutlich: Gori fühlt Kunst und gleichsam den Raum, der sie umgibt.

»Teatro Povero« unterm Kirchturmhorizont

Die Auferstehung toskanischer Volkstheatertradition

Theaterprobe in Monticchiello. Nur drei Tage sind es noch bis zur Premiere. Das Zusammenspiel von Licht und Musik klappt nicht. Auch die Schauspieler überzeugen nicht in ihren Rollen. Ständig werden sie von Regisseur Andrea Cresti korrigiert. Gestört wird ihre Konzentration außerdem von den zahlreichen Zuschauern, die wie jeden Abend auf die Piazza San Martino gekommen sind, um das Spiel von einer kleinen Holztribüne aus zu verfolgen. Sie sind weder an der Geschichte noch an der Inszenierung interessiert. Sie wollen nur zusehen, wie Mutter, Großvater, Bruder und Enkelin, die tagsüber eine Familie versorgen oder auf dem Feld und bei der Post arbeiten, ihren Part zum Besten geben.

Monticchiello, eine winzige Gemeinde in der südlichen Toskana, war ein Dorf mit Problemen: Armut, Landflucht und Infrastrukturmangel, das Schicksal vieler kleiner Orte der Region. In den sechziger Jahren gingen die jungen Leute weg, die Häuser standen leer, Geschäfte schlossen, das Land lag brach. Die Zahl der Monticchiellesen verringerte sich um mehr als die Hälfte. Die Zurückgebliebenen bekamen Angst, ihren Lebensraum ebenfalls aufgeben und ihn wohlhabenden Städtern oder Fremden überlassen zu müssen.

Seit 1967 hilft sich Monticchiello mit Kultur.

Damals entdeckten die Leute das Theaterspielen als ihre Form, sich gegen diese Entwicklung zu wehren.

Warum eigentlich Theater? Das wissen die Monticchiellesen heute nicht mehr so genau. Vielleicht, weil Volkstheater Tradition hat in der Toskana: das Marionettenspiel, die Frühlingsfeste, die gereimten Singspiele.

Auf jeden Fall führen sie seitdem jeden Sommer unter dem Namen »Compagnia Popolare del Teatro Povero«, also »Kompanie des Armen Theaters«, ein selbst geschriebenes Stück auf. Sie machen *autodramma*, wie Giorgio Strehler, der große Mailänder Theatermann, ihre Form des Theaterspielens nannte. Was im Grunde nichts anderes bedeutet, als dass alle Empfindungen in den Stücken von den Bewohnern des Dorfes auch tatsächlich selbst erlebt worden sind.

Die Themen beziehen sich ausschließlich auf die eigene bewegte Ortsgeschichte und die eigene Kultur. Sie handeln vom Bauernleben im Allgemeinen, von Frauenleid, Jugendnöten und Altersbeschwerden im Besonderen, wobei auch der aktuelle Bezug niemals fehlt. So entstand während des Golfkriegs eine Reflexion über den Krieg und nach der Schließung der Psychiatrischen Anstalten in Italien in den achtziger Jahren schrieb man ein Stück über den Umgang mit den Irren im Dorf. Ein weiteres Stück heißt »Strappi« – Risse. Und natürlich geht es um eigene Sorgen, genauer gesagt um die Zukunftsängste toskanischer Bauern.

Die Texte werden grundsätzlich in Gemeinschaftsarbeit verfasst. Den ganzen Winter über treffen sich die Leute aus Monticchiello mehrmals in der Woche in der säkularisierten Krypta der Dorfkirche. Dort werden zunächst die Dialoge diskutiert, anschließend die Rollen geprobt und später dann die Kostüme genäht und die Requisiten gebaut.

Auf die ein oder andere Weise sind alle dreihundert Bewohner aus dem Ort an der Veranstaltung beteiligt. Wer nicht gerade einen Part übernommen hat oder die Kulissen malt, vermietet zumindest Zimmer für die Theaterbesucher oder kocht für die Premierengäste.

Begonnen hatten die Monticchiellesen mit einer Überarbeitung eines historischen Stoffes: der ewige Kampf zwischen Siena und Florenz, in den auch Monticchiello irgendwann einmal verwickelt war. Im folgenden Jahr gaben sie etwas Ähnliches, also wieder Theater in Kostümen.

Zum Glück, sagt Regisseur Andrea Cresti, der in seinem bürgerlichen Leben als Lehrer arbeitet, seien sie dem Journalisten Mario Guidotti begegnet. Der Mann aus Rom, der jedoch aus ihrer Nachbarschaft stammt, konnte die Leute von Monticchiello davon überzeugen, die eigene Geschichte und die Probleme des toskanischen Dorflebens zu thematisieren.

Seitdem ist Theaterspielen in Monticchiello kein Selbstzweck mehr. Es dient den Beteiligten zur Bewältigung der Lebensumstände und macht ihnen Mut. Es zwingt sie, über ihre persönliche Situation und die eigenen Haltungen nachzudenken. Dabei werden Zusammenhänge klar und Abhängigkeiten bewusst sowie Lösungen vorgeführt.

Das Theaterspielen hat die Menschen von Monticchiello wieder zusammengeschweißt. Die

Abwanderung ist gestoppt. Heute sind selbst junge Leute stolz darauf, in dem schmucken Dorf hinter mittelalterlichen Mauern zu leben. Schließlich haben sie zusammen bewiesen, dass der Kirchturmhorizont der Provinz nicht zwangsläufig die Kreativität beschränkt. Die vierzehn Aufführungen im Sommer sind jedenfalls immer ausverkauft. Theaterfreunde aus ganz Europa kommen in den abgelegenen Ort, um die Auferstehung der toskanischen Volkstheatertradition mitzuerleben.

Doch noch ist es in diesem Jahr nicht so weit.

Weil einer der achtzig Mitwirkenden vorher immer verhindert ist, hat die Probe an diesem Abend wieder erst um zehn Uhr abends begonnen. Sie wird sicherlich noch einige Stunden andauern. Denn wie gesagt: Nur noch drei Tage bis zur Premiere und Regisseur Andrea Cresti ist längst nicht zufrieden.

Stoff genug für Narrenspott

Karnevalsumzug in Viareggio

Von wegen verärgert, weil man sie karikiert! Italienische Politiker sind verstimmt, wenn sie nicht als Spottfigur auf einem der bunten Karnevalswagen auftauchen. Arnaldo Galli muss regelrecht lachen und er weiß auch, warum. Schließlich ist der Kunsthandwerker aus dem eleganten, etwas in die Jahre gekommenen Badeort Viareggio seit sechzig Jahren Gestalter von Figurenbildern und Karnevalswagen. In dieser Zeit machte er öfter mit der Eitelkeit der Politiker Bekanntschaft. Schmunzelnd erinnert er sich an den Christdemokraten Ugo La Malfa, der ihn bei einem Werkstattbesuch geradezu händeringend gebeten hatte, ihn doch auch einmal als Pappmachéfigur für einen Entwurf zu berücksichtigen.

»Verkehrte Welt.« Arnaldo Galli schüttelt belustigt den Kopf. »Heute grämen sich die Wagenbauer darüber, dass sich die Politiker nicht mehr ärgern.«

Wirkliche Zensur hat der 72-Jährige, der in seinem außerkarnevalistischen Leben als Filmausstatter unter anderem für Fellini-Produktionen arbeitete, übrigens auch bereits erlebt.

Das war im Jahr 1939. Schon damals beteiligte sich der damals Zwölfjährige mit einem kleinen Wagen an den Umzügen. Er hatte die amerikanischen Marx Brothers zu seinem Karnevalsthema gemacht. Kurz vor dem festgelegten Datum tauchten plötzlich so genannte »Schwarzhemden« bei ihm auf und verbrannten seine halb fertigen Figuren. Lange Zeit wusste der Junge gar nicht, warum die Faschisten ihm das angetan hatten. Erst sehr viel später erfuhr Arnaldo Galli, dass die von ihm so bewunderten amerikanischen Komiker Juden waren.

Karneval im toskanischen Viareggio. Das ist neben einem Festival für Karnevalslieder und allabendlichen Komikerauftritten vor allen Dingen der größte, fantasievollste und traditionsreichste Faschingsumzug Italiens. Seit 1893 findet er Jahr für Jahr statt. Nur in Kriegszeiten ließ man ihn ausfallen. Seine Hauptattraktion sind die kunterbunten Pappmachéskulpturen, mit denen augenzwinkernd Themen aus Politik und Alltag parodiert werden. Das Zuschauerinteresse an den dreidimensionalen Karikaturen ist derart groß, dass die beweglichen, bis zu vierzig Tonnen schweren technischen Wunderwerke aus riesigen Mengen Eisen, Holz, Stoff, Gips und Papier gleich an vier aufeinander folgenden Sonntagen in der Faschingszeit über die Uferpromenade gezogen werden.

Im Gegensatz zum bierseligen Überschwang der Rheinländer oder zur lärmenden Geisteraustreibung der Süddeutschen bestaunen die toskanischen Karnevalfans eher andächtig die kühnen Karnevalsträume, an denen ein Team aus Künstlern, Bildhauern und Elektrikern mindestens ein halbes Jahr arbeitet.

Bei den jährlichen Umzügen buhlen große und kleinere Wagen sowie maskierte Fußgruppen um die Gunst der Zuschauer am Wegesrand und um den Preis einer Jury, den *Burlamacco*. Arnaldo Galli wurde bereits neunzehn Mal mit diesem toskanischen Harlekin zum Meister toskanischer Karnevalskunst gekürt.

Besonders stolz war der Wagenbauer auf einen zwanzig Meter hohen und zwölf Meter langen Wagen aus dem Jahr 1997 mit dem Motto: *La patata bollente* – die heiße Kartoffel.

Damals thronte ein vergnügt mit einem Olivenbaumzweig winkender Ministerpräsident Romano Prodi auf einem hohen Stuhl, vor sich die heiße Kartoffel Italien mit all ihren ungelösten Problemen. Zu seiner Rechten versuchten die vor Ärger grün angelaufenen Oppositionspolitiker Fini, Berlusconi, Buttiglione und Bossi ihn vom Thron zu stürzen, während links die Regierungskoalition unter Führung von Massimo D'Alema ihr Bestes gab, ihn oben zu halten.

Das betreffende Jahr war dem Wagenbauer schon deswegen in Erinnerung geblieben, weil sich, mit Ausnahme von ihm selbst, erstaunlicherweise nur die Konstrukteure der kleineren Wagen für politische Satire entschieden hatten. In ihrer B-Kategorie tauchten unter Titeln wie »Die Unschuld der Lämmer« beispielsweise die altbekannten Gesichter des christdemokratischen Politikerfuchses Andreotti und des sozialistischen Schlitzohrs Bettino Craxi auf, die vorübergehend aus dem Schussfeld des Narrenspotts verschwunden waren. Die großen Wagen versinnbildlichten hingegen Themen wie Satanssekten, Ecstasy-Konsum und den ewigen Faschingsruf »Carpe Diem – Nutze den Tag!«

Die offizielle Begründung für diese Entscheidung: Der Anmeldetermin für die Karnevalswagen war bereits im Mai gewesen und man hatte befürchtet von den politischen Ereignissen überrollt zu werden. Bei den häufigen Regierungswechseln in Italien war das sicherlich ein Argument. Arnaldo Galli glaubt jedoch, einen weiteren Grund zu kennen. Seine Kollegen gehörten traditionell der linken Fraktion an und nach dem Machtwechsel in Rom sahen sie keinen Anlass mehr für Satire.

Der Nestor der toskanischen Wagenbauer war ganz anderer Meinung: »Der italienische Politzirkus bietet immer genug Stoff für Kritik.« Narren hätten die Pflicht unparteiisch zu sein. Ansonsten verlöre der Faschingszug in Viareggio seinen Biss und damit an Attraktivität.

Ob es an der Humorlosigkeit der Linken gelegen hat, sei dahingestellt. Auf jeden Fall dauerte es nicht mehr lange, bis es dem Dreiergespann Berlusconi, Bossi, Fini in der Tat gelang, den Thron zu erklimmen. Seitdem herrscht wieder Einmütigkeit unter den Wagenbauern in Viareggio. Das haben auch die Stadtväter mit Freuden aufgenommen und ihnen endlich einen würdigen Arbeitsplatz eingerichtet. Interessant ist nur, dass die neuen Montagehallen, die in Kreisform angeordnet sind, einer Wagenburg ähneln. Vielleicht befürchten sie, dass der Narrenzunft schwierige Zeiten bevorstehen.

Wenn das Dorf zur Bühne wird …

Die »Lebende Krippe« von Equi Terme

Manchmal bedauert es Stefano Ricci regelrecht, dass er die »Lebende Krippe« von Equi Terme nicht schon als Kind erleben durfte. Seit zehn Jahren sieht der junge Mann mit an, wie verzaubert Kinder sein können, wenn sie sich in dem Bergdorf im äußersten Nordwesten der Toskana mitten in der Weihnachtsgeschichte wiederfinden. Denn bei der *Presepe Vivente* von Equi Terme wird nicht, wie sonst bei Krippenspielen üblich, das biblische Geschehen in der Kirche oder auf dem Dorfplatz nachgestellt. Vielmehr verwandelt sich ein ganzer Ort in eine Art Bethlehem und seine Bewohner werden zu Zeitgenossen Jesu. Allein die natürliche Lage mache Equi Terme zum idealen Schauplatz für die Weihnachtsgeschichte, schwärmt Stefano Ricci. Erst recht, wenn es an den drei Weihnachtsabenden von offenen Feuerstellen und lodernden Fackeln beleuchtet wird. Der junge Mann steht mit dieser Meinung nicht alleine da. Jährlich kommen mehr als zehntausend Besucher in das abgelegene Seitental des Apennin. Für sie ist die kleine Ansammlung ineinander verschachtelter Häuser, aus der oben ein Kirchturm ragt, das Krippendorf schlechthin. Es liegt dazu noch auf einer Anhöhe vor einer steilen Felswand.

Während die Besucher durch den Ort spazieren, begegnen sie der Heiligen Familie, den Hirten und den Heiligen Drei Königen. Gleichzeitig erhalten sie einen Eindruck der jüdischen Alltagswelt zur Zeit von Jesu Geburt. Selbst Tiere wie Ochs und Esel fehlen nicht. Bei der Darstellung der Kaufleute, Handwerker, Schlangenbeschwörer und Briefeschreiber gehe es jedoch nicht um Authentizität, stellt Stefano Ricci klar. Vielmehr soll die abendländische Vorstellung von der Geschichte um Jesu Geburt, die uns durch Bilder und Erzählungen vermittelt wurde, zum Leben erweckt werden.

Aufgrund des hohen Andrangs sind die Organisatoren gezwungen einen Parcours durch Equi Terme festzulegen. Er beginnt bei einem kleinen Holztor am Fuße der Altstadt. Über steile Steintreppen und durch enge Gassen, vorbei an verlassenen Häusern und Werkstätten, führt der Weg hinauf zum Kirchplatz, dem höchsten Punkt von Equi Terme. Auf der anderen Seite geht es genauso steil wieder abwärts bis zu einem Wildbach, der direkt hinter dem Ort aus dem Felsen quillt. Eine kleine Steinbrücke aus römischer Zeit verbindet Equi Terme mit einer Tropfsteinhöhle, die während des Krippenspiels für die heilige Familie reserviert ist. In der Regel ist das letztgeborene Kind aus der Umgebung das Jesuskind und seine Mutter die Maria, erläutert Stefano Ricci, der selbst meistens zum Herodes wird.

Mittlerweile ist die »Lebende Krippe von Equi Terme« das wichtigste Volksfest der Lunigiana. Wie viele andere ländlichen Gebiete hat die kleine Bergregion im Apennin seit den fünfziger Jahren einen starken Bevölkerungsschwund zu verzeichnen. Die Menschen gingen weg, um sich anderswo Arbeit zu suchen. Seitdem kehren sie nur im Sommer für ein paar Urlaubstage in ihre grauen

Steinhäuser zurück. In Equi Terme treffen sie dann auf ein paar Naturfreunde, die von der überwältigenden Berglandschaft, der Tropfsteinhöhle mit einem unterirdischen See und den warmen Schwefelquellen angelockt werden. Im Winter hingegen ist der Ort wie ausgestorben. Die wenigen, meist älteren Menschen verkriechen sich vor der frühen Dunkelheit in ihre Häuser. Selbst die Sonne lässt sich in den Wintermonaten nicht blicken. Die hohen Felswände verstellen ihr den Weg. Heute kann von dieser notgedrungenen Winterruhe keine Rede mehr sein. Während des Rundgangs mit Stefano Ricci, der zum Veranstaltungskomitee gehört, hallen die engen Gassen von Stimmen und Werkzeuglärm wider. Es ist kurz vor Weihnachten, Zeit also, das Krippenspiel vorzubereiten. Eine Gruppe junger Männer verstärkt das Geländer am Wildbach, eine weitere bringt Fackelhalter an, die nächste baut unter Leitung des Dorfpolizisten Carlo Andrea einen Pferch für Schafe und Ziegen auf. Die Teile dafür fertigten sie bereits vor Jahren an. Sie müssten nur noch zusammengesetzt werden, zischt er durch seine zusammengekniffenen Lippen, mit denen er die Holznägel festhält.

Stefano Ricci erkundigt sich, ob die Männer noch Nachschub brauchen, läuft jedoch nach einem Blick auf die Kirchturmuhr eilig die Gassen hinunter. Er ist im ehemaligen Schulhaus, das heute als Requisitenwerkstatt und Kostümfundus dient, mit Maria Grazia Milani verabredet. Die Lehrerin ist Präsidentin des Organisationskomitees. Gemeinsam wollen die beiden überlegen, wie sie eine Bogenschützengruppe aus Massa Marittima, die sich angekündigt hat, in das Krippenspiel einbeziehen können. Wie schon in den Vorjahren beteiligen sich mehr als zweihundert Menschen an der »Lebenden Krippe«. Die Männer, Frauen und Kinder kommen längst nicht mehr nur aus Equi Terme oder der näheren Umgebung. Sie reisen aus der ganzen Toskana und sogar aus Mailand an. Das erfordert viel Organisationstalent von Seiten der Lehrerin und des Grafikers, die festlegen, wer, wo, wann, welchen Part übernimmt.

Maria Grazia Milani gehörte zu der Gruppe von Müttern, die 1990 das Krippenspiel zum ersten Mal aufführten. Damals handelte es sich noch um ein typisches Weihnachtsspiel, das während der Mitternachtsmesse in der Dorfkirche vorgeführt wurde. Sie hätten ihren Kindern veranschaulichen wollen, dass Weihnachten ein besonderer Tag ist und nicht nur eine kommerzielle Angelegenheit, erläutert sie ihre Motivation.

In den ländlichen Gebieten der Toskana ist die Vorweihnachtszeit, für deutsche Verhältnisse, eine eher sachliche Angelegenheit. Es gibt keinen Lichterkranz aus Tannenzweigen, keine selbst gebastelten Strohsterne in den Fenstern, keinen Duft von gebackenen Äpfeln und keine Weihnachtsplätzchen in blechernen Keksdosen. Auch Nikolaus, der doch im süditalienischen Bari Bischof war, kommt nicht zu den Kindern, um ihnen die Wartezeit zu versüßen.

Dafür gehört es unbedingt zum Weihnachtsritual einer italienischen Familie, sich die schönsten Krippen in der Umgebung anzuschauen. Der Brauch, das biblische Geschehen um die Geburt Jesu mit Figuren aus Holz oder Ton darzustellen, stammt aus Italien. Die Erste soll Franziskus von

Assisi im toskanischen La Verna aufgestellt haben, um die Gläubigen daran zu erinnern, wie arm und mittellos Christus zur Welt kam. Seit den achtziger Jahren kann man überall in der Toskana immer häufiger Krippenspiele besuchen, die in einer Dorfkirche oder auf der Piazza gegeben werden. Vielerorts haben sie Weihnachten in ein Dorffest verwandelt.

Die *Presepe Vivente* von Equi Terme ist also kein Einzelfall. Sie ist nur besonders malerisch. »Die gemeinsame Arbeit hat uns zusammengeschweißt«, kommentiert Maria Grazia Milani die weitere Entwicklung der Initiative. Der Zuspruch war derart groß, dass die Frauen sich entschlossen das Spiel im Jahr darauf zu wiederholen. Da sie sich mit dem Gemeindepfarrer überworfen hatten, wichen sie kurzerhand auf die Plätze und Gassen aus.

Seitdem ist das Krippenspiel aus dem Dorfleben nicht mehr wegzudenken. Die Bewohner treffen sich regelmäßig während der Herbst- und Wintermonate, um das Ereignis vorzubereiten. Kurz vor Weihnachten, wenn das Dorf zur Bühne umgebaut wird, kommen sie sogar täglich zusammen, damit alles rechtzeitig fertig wird.

Aus diesem Grund sitzt eine Gruppe von Frauen bereits seit Stunden in der alten Schule an einem langen Tisch. Sie legen letzte Hand an die Kostüme an. Sie haben sie im Laufe der Zeit aus alten Decken, Stoffresten, Theatervorhängen und Matratzenstoffen angefertigt. »Und mit sehr viel Fantasie«, merkt Stefano Ricci an und zieht lachend eine Kopfbedeckung für einen römischen Soldaten aus dem Regal: ein ausgedienter Feuerwehrhelm, der mit einem Besen verziert und anschließend vergoldet wurde. »So haben wir immer arbeiten müssen, weil es ja nichts kosten durfte«, sagt Rita d'Olio, die dem Kostümfundus vorsteht. Die »Lebende Krippe« finanziert sich mithilfe von Besucherspenden. Wird Gewinn gemacht, geben die Menschen aus Equi Terme das Geld an ein Hilfswerk weiter.

Rita d'Olio, die Mutter von Maria Grazia Milani möchte, »dass es bei uns immer so weitergeht«. Das neu gewachsene Gemeinschaftsgefühl erinnert sie an etwas Vergangenes, »etwas, das man mit dem Herzen fühlt«. Die Witwe spricht den alten Menschen ihrer Heimatstadt aus der Seele. Sie alle sind froh, dass die Zeit, in der jeder alleine für sich vor dem Fernseher saß und sich durch den Winter zappte, der Vergangenheit angehört. Es gibt immer einen Grund sich zu treffen: Besprechung, Vorbereitung, Materialbeschaffung. Die Wintereinsamkeit haben sie in ihrer Erinnerung unter dem Begriff »schlechte Zeiten« archiviert, so wie Krieg und bittere Armut.

»Ohne die ›Lebende Krippe‹ wären auch wir jungen Leute meistens alleine«, meldet sich die Jüngste in der Runde zu Wort. Antonietta Tazzara ist in Equi Terme aufgewachsen und wohnt seit ihrer Heirat im Nachbarort. Trotzdem kommt sie an den Winterwochenenden für einige Nachmittagsstunden her, um bei den Vorbereitungen mitzuhelfen. Nach der Geburt ihrer mittlerweile dreijährigen Tochter ist sie schon einmal die Maria gewesen, verkündet sie stolz. In diesem Jahr kandidiert sie zum zweiten Mal. Lachend weist sie auf ihren schwangeren Bauch. Natürlich spielt für Antonietta Tazzara die religiöse Bedeutung von Weihnachten ebenfalls eine Rolle, »allerdings nur eine untergeordnete«. Für sie ist das Krippenspiel willkommener Anlass, Kontakt zu den Menschen aus ihrem Heimatdorf zu halten. »Die Isolation ist bei uns das größte Problem«, sagt sie. Sie sei der Grund, warum immer noch junge Menschen wegziehen. Im Sommer gibt es genug Abwechslung. Aber im Winter? Was macht man da?

Alle Jahre wieder stellen sich natürlich Zweifel ein, ob weitergemacht werden soll. Weihnachten im trauten Familienkreis gibt es in Equi Terme nicht mehr. Selbst vor und nach den Feiertagen sind alle Beteiligten stark in Anspruch genommen. Zusätzlich müssen sie fünfzig Tiere versorgen und zweihundert Mitwirkende anleiten. Bisher konnte das Stimmungstief noch jedes Mal überwunden werden. Obwohl niemand einen persönlichen Nutzen daraus zieht, das Familienleben leidet, weil für nichts anderes mehr Zeit bleibt, vergessen die Leute aus Equi Terme die Mühsal sofort, wenn sie das Resultat vor Augen haben. »Niemand will außerdem die Verantwortung dafür übernehmen, dass das Krippenspiel nicht mehr stattfindet«, meldet sich Dorfpolizist Andrea Carlo zu Wort, der gemeinsam mit einem jungen Helfer für eine kurze Pause in die Schule gekommen ist, um sich aufzuwärmen. Es sei eben schon lange nicht mehr nur die Krippe von Equi Terme.

Die Menschen aus der gesamten Gegend brauchen dieses Winterereignis. Sie haben es erst wieder im Jahr zuvor gemerkt. Die »Lebende Krippe« wäre wirklich beinahe ausgefallen. Equi Terme, das in einer Art natürlicher Sackgasse liegt, war durch einen Erdrutsch nach tagelangen Regenfällen von der Außenwelt abgeschnitten. Monatelang konnte der Ort nur über eine unbefestigte

Straße erreicht werden und die zuständigen Behörden wollten aus Sicherheitsgründen die Genehmigung für das Weihnachtsspektakel nicht erteilen. Sie befürchteten, die Aushilfsstraße würde dem Besucheransturm nicht gewachsen sein. Als bekannt wurde, dass das Krippenspiel nicht stattfinden sollte, setzten die Bewohner der gesamten Region Himmel und Hölle in Bewegung, um Kommune und Straßenbaubehörde umzustimmen. Mit Erfolg. Der Schreck sei den Leuten gehörig in die Glieder gefahren, erinnert sich Andrea Carlo, der einen Anstieg der Helferzahl vermelden kann. Darunter sind besonders viele junge Leute. »Sie brauchen das Gefühl von Zugehörigkeit.« Der Dorfpolizist hat selbst halbwüchsige Kinder. Von ihnen weiß er, dass sie alle nach einem Grund suchen, nicht weggehen zu müssen. Sein junger Helfer, der zwanzigjährige George, bestätigt ihm das nur zu gerne: »Wenn man mich fragt, wo ich herkomme, und ich dann sage: ›Equi Terme‹, wissen alle gleich: ›Ah, das ist dort, wo es die lebende Krippe gibt.‹ Das finde ich echt stark.«

Im Abgasgestank auf Bischofs Spuren

Versuch einer Pilgerreise

Für die Kirchgänger in Pontremoli, die an Maria Himmelfahrt zum Abendgottesdienst gekommen sind, nimmt die Messe kurz vor Schluss noch einen überraschenden Verlauf. Ausgerüstet mit Rucksack, festem Schuhwerk und Wanderstab treten drei Männer an den Altar, wo sie vom Pfarrer des mittelalterlichen Städtchens am Dreiländereck Toskana–Ligurien–Emilia Romagna willkommen geheißen werden. Luigi Grazioli aus Pavia, Pietro Rojas aus Toledo und der Münchner Manfred Lindermaier würden auf der ehemaligen Langobardenstraße, der Via Francigena, vom englischen Canterbury nach Rom pilgern, stellt der Geistliche die Wanderer vor. Nach der Apenninüberquerung machten sie für eine Nacht nun auch in Pontremoli Rast. Danach wendet sich der Italiener Luigi Grazioli selbst an die Gemeinde. Er erzählt, dass er und seine beiden Wanderkollegen versuchen die 1800 Kilometer lange Strecke in achtzig Tagen zu Fuß zurückzulegen. Auf ihrer Wanderschaft sind sie durch Dover, Reims, Lausanne und Pavia, um nur einige Stationen zu nennen, gekommen und sie hoffen nun in vierzehn Tagen über Lucca, Siena und Bolsena die heilige Stadt zu erreichen, wo der Papst sie zu einer Audienz erwartet. Sie pilgern auf den Spuren von Sigeric, dem Erzbischof von Canterbury. Ihr Vorbild wanderte im Jahr 990 nach Rom und hielt seine Reiseroute, die ihn auch durch »Puntremel« führte, detailliert in seinem Tagebuch fest.

Als Beweis, dass sie im »Schlüsselloch am Apennin« waren, bittet Luigi Grazioli den Pfarrer ihnen den Gemeindestempel mit genauem Datum, dem 14.8.1996, ins Fahrtenbuch zu drücken.

Mit freundlichem Beifall entlässt die Gemeinde die drei Pilger, die anschließend vom Bürgermeister erwartet werden. Neben dem abendlichen Gottesdienst gehört auch die Begrüßung durch einen Gemeindevertreter zu ihrem täglichen Programm. Den Abend beschließen die Wanderer meist in einem Klosterhospiz, wie in Pontremoli, wo sie Zimmer in einem Kapuzinerkonvent gefunden haben. Einige Male schliefen sie allerdings in der örtlichen Pfarrei oder sie mussten mit einer Turnhalle vorlieb nehmen.

Die Idee für das Unterfangen stammt von Luigi Grazioli, der die Wanderung obendrein vorbereitete. Seine Begleiter lernte er auf dem spanischen Jakobsweg kennen. Natürlich spielt der religiöse Pilgergedanke für den Mann aus Pavia eine wichtige Rolle. Gleichzeitig will er den Gemeinden am Wegesrand die Augen für diese Form des Tourismus öffnen. Fördergelder liegen bereit, seitdem die Via Francigena vom Europarat als »Europäische Kulturstraße« ausgewiesen wurde. Luigi Grazioli baut zudem auf einen weiteren Verbündeten, den Vatikan, der sehr daran interessiert ist, die alte Pilgerstraße bekannt zu machen.

Am nächsten Morgen geht es durch das weite Magratal, das zur Lunigiana gehört, hinunter in Richtung Tyrrhenisches Meer. Etappenziel ist das vierzig Kilometer entfernte Städtchen Sarzana, wo der Ortspfarrer, der vom Vatikan informiert wurde, ebenfalls mit dem Abendgottesdienst auf sie wartet. Am Ortsausgang von Pontremoli schließt sich, wie schon bei anderen Etappen, den drei Pilgern eine kleine Gruppe junger Leute an, die davon profitieren, dass Feiertag ist. Sie werden allerdings nur einen Tag mitwandern und am Abend mit dem Zug zurückkehren.

Der Weg führt durch sanfte Hügel, die in der Ferne zu gewaltigen Bergen anwachsen. Auf ihren Spitzen ragen trutzige Burgen in den blauen Himmel. Sie künden von der Bauwut des Grafengeschlechts Malaspina, die damit der Lunigiana ihren Stempel aufdrückten, und rufen Erinnerungen an glanzvollere Tage wach. Unten in der Flussebene erzählen Kirchen in romanisch-lombardischer Bauweise vom wechselhaften Geschick und den kulturellen Strömungen, die das Tal gestreift haben.

Die selbst Toskanern wenig bekannte Lunigiana hatte ihre Blütezeit im Mittelalter, als ganze Heerscharen von Pilgern und Soldaten auf dem Weg nach Rom hier durchzogen. Damit war es in der Renaissance vorbei, als der Stern von Florenz aufging und die Arnostadt zur obligatorischen Etappe wurde. Das Gebiet im äußersten Nordwesten der Region sank daraufhin in die Bedeutungslosigkeit ab, aus der es nicht wieder auftauchte. Dieses Schicksal hat der Gegend die herbe und zugleich liebliche Schönheit erhalten, für die die Pilgergruppe jedoch kaum ein Auge hat. Sie haben den »Blick der Straße« aufgesetzt, wie Manfred Lindermaier das konzentrierte Schauen schräg nach links auf den Boden nennt. Nur so können sie das Stolpern oder Abrutschen in den Straßengraben vermeiden. Er entdecke dabei zwar viele kleine Tiere, bekomme von der Landschaft aber kaum etwas mit, beschwert sich der einsilbige Bayer. Denn wieder einmal ist, wie schon auf so vielen italienischen Etappen der Via Francigena, das graue Asphaltband der Wanderweg. Statt Grillengezirpe und Vogelgezwitscher hören die Pilger nur wütendes Gebell von Wachhunden und Autolärm.

Es wundert den erfahrenen Wanderer aus München schon, dass man in Italien so wenig auf Fußgänger eingestellt ist. Mit Bedauern denkt er an die herrlichen Wanderwege in Frankreich zurück, wo er die Natur ungestört und in vollen Zügen genießen konnte. Dies sei bloßes Gehen, ein Ans-Ziel-kommen-Wollen, kommentiert er genervt. »Wandern ist etwas zum Erholen für den Geist. Das hier ist nur etwas zum Müdewerden für die Füße.« Natürlich sind die drei Pilger hin und wieder auf Wanderwege gestoßen. Doch meistens führten sie rechts oder links von der Strecke weg und nie in die Richtung, die sie gehen wollten. Dem christlichen Gedanken des Pilgerns hingegen sind die Italiener aufgeschlossen. Beinahe täglich erlebt es Manfred Lindermaier, dass ihnen Menschen entgegenkommen, ihnen die Hand geben. »Sie bedanken sich bei uns, dass wir pilgern und dass wir überhaupt auf die Idee gekommen sind.« Das empfindet er als sehr beglückend.

Während die Gruppe unter sengender Sonne im Gänsemarsch auf dem schattenlosen Randstreifen der schmalen Landstraße ausschreitet, schickt der Bayer vor jeder unübersichtlichen Kurve vorsichtshalber ein Stoßgebet gen Himmel. Er fürchtet die schweren Laster, die an ihnen vorbeidonnern. Ein Ausweichen ist kaum möglich, denn auf beiden Straßenseiten bilden Häuser und dichtes Gebüsch eine unüberwindliche Mauer und verhindern kleine Fluchten hinunter zum Fluss oder die Hügel hinauf.

Plötzlich erklingt Geläute durch die vor Hitze flirrende Luft und spornt die Pilger an. Einen Augenblick fühlen sie sich ins Mittelalter zurückversetzt, als die Glocken den müden Wanderern Rast und Ruhe verhießen.

Als sie sich der Pieve Santo Stefano di Sorano nähern, sind sie jedoch enttäuscht. Zwar beeindruckt die romanische Pieve, die in der Vergangenheit wichtigster Versammlungsort der Menschen im Magratal war, durch eine grandiose Architektur. Beeinträchtigt wird ihre Würde allerdings durch eine angefügte Betonkonstruktion. Hinzu kommt, dass die Kirche direkt an der viel befahrenen SS 62 liegt. »Sie steht so lieblos in der Gegend herum wie eine verlassene Tankstelle«, beschreibt Manfred Lindermaier die Situation treffend. Er kann über die Achtlosigkeit, mit der unvergleichlichen Kulturgütern brutal der Stempel des 20. Jahrhunderts aufgedrückt wird, nur den Kopf schütteln.

Kurz nach Mittag führt auf der Höhe von Fornoli endlich ein unbefestigter Weg von der Staatsstraße 62 hinunter zum Fluss Magra. Dort stoßen die Pilger nicht nur auf gepflasterte Reste der ursprünglichen Straße, sondern auch auf eine weitere romanische Kirche, die Chiesaccia, und auf ein Pilgerhospiz, das vermutlich bereits zur Zeit von Sigeric existierte.

»Der ideale Platz für eine Pause«, freut sich Manfred Lindermaier, der sich die Wanderung auf der alten Langobardenstraße eigentlich so vorgestellt hatte. Er sucht sich ein schattiges Plätzchen und streckt die müden Beine von sich. »Der Ausdruck ›bleischwer‹ kommt wohl daher, dass man beim Gehen auf der Straße so viel Blei schluckt«, frotzelt er.

Die touristische Erschließung der Via Francigena interessiert Manfred Lindermaier wenig. Er ist als Pilger unterwegs. Er läuft, um Gott zu begegnen. Aus dem gleichen Grund hat er den spanischen Jakobsweg nach Santiago de Compostela zurückgelegt, ist über den Brenner nach Rom gelaufen und war zu Fuß in Jerusalem.

Natürlich hat er sich über die Via Francigena so seine Gedanken gemacht. »Es wird schwierig sein, die italienische Teilstrecke den Menschen nahe zu bringen.« Wenn sie wirklich als Pilgerweg genutzt werden soll, müssten Wanderwege angelegt werden, die neben der Straße entlangführen. Nur dann habe der Weg eine Chance. Bisher könne er nur abraten. Die Gefahr, dass etwas passieren könne, sei zu groß. »Ich danke jeden Abend Gott, dass wir heil angekommen sind.«

Auch sein italienischer Pilgerfreund Luigi Grazioli ist enttäuscht. Er weiß, dass noch viel Überzeugungsarbeit nötig ist, bis die Via Francigena angenommen sein wird. Er und seine Begleiter haben es nur geschafft, nicht vom Weg abzukommen, weil er die Route monatelang genau studiert hatte und weil er fest entschlossen war die Via Francigena rechtzeitig zum Heiligen Jahr zu eröffnen.

Nach wie vor ist die Liste der Dinge, die getan werden müssen, viel zu lang: Wegweiser aufstellen, vorhandene Wanderwege säubern, Übernachtungsmöglichkeiten zu vernünftigen Preisen anbieten. Vor allen Dingen aber müssen alternative Wanderwege neben der Landstraße geschaffen werden.

Vierzig Kilometer Gehen auf Asphalt. Solches Wandern ist nicht jedermanns Lust. Das finden auch die jungen Begleiter, die die ganze Strecke in einem gewissen Abstand hinter ihnen hergetrottet sind. Etwas enttäuscht verabschieden sie sich vorzeitig in dem Städtchen Aulla von Luigi, Pietro und Manfred, die noch einmal zwei Stunden bis nach Sarzana brauchen werden. Während sie im Zug nach Pontremoli ihre müden Füße von sich strecken, kündigt sich bereits Muskelkater an. Und so sind sie doppelt erleichtert, dass am Bahnhof von Pontremoli das Auto steht.

Das Brot der armen Leute

Kastanienanbau in der Garfagnana

Der Herrgott hat an alles gedacht! Luigi Bertoncini ist zwar kein Kirchgänger, aber in diesem Punkt kennt er keine Zweifel. Schließlich hat der Mann aus der Garfagnana, dem großen Waldgebiet oberhalb von Lucca, den Beweis für die göttliche Vorsehung seit seiner Jugend täglich vor Augen. Kastanienbäume. Neunzehntausend Hektar Kastanienwälder gibt es allein in der Provinz Lucca, in der Luigi 1930 geboren wurde. Neunzigtausend Hektar sind es in der gesamten Toskana. Mit erhobener Stimme zählt Bertoncini auf, was er diesem »Gottesgeschenk« alles zu verdanken hat: Futter für die Tiere, Brennholz für den Winter und natürlich die *pattona*, die Polenta aus Kastanienmehl. Niemand, der in schlechten Zeiten einen Hain besaß, brauchte Hunger leiden. Er kann sich daran erinnern, dass es während des Zweiten Weltkriegs in der Garfagnana eine besonders reiche Kastanienernte gab. Direkt oberhalb seines Elternhauses verlief die Gotenlinie, an der sich deutsche Soldaten und die Alliierten erbitterte Gefechte lieferten. Obwohl Eltern und Geschwister manchmal tagelang das Haus nicht verlassen konnten, war wenigstens dafür gesorgt, dass sie Eines zu essen hatten: Kastanienmehlbrei. Mit einem breiten Lächeln zeigt der alte Mann auf die große Holzkiste unter dem Fenster. Dort bewahrte die Mutter die *pattona* auf, die sie stets in großen

Mengen anrührte, weil sie noch zwei Wochen danach genießbar war. Bei Bedarf stach sie die Stücke dann mit einem großen Holzlöffel heraus.

Glück im Unglück, kommentiert Ivo Pilo die Erzählung seines Freundes. Der Besitzer einer Baumschule in der Nachbarschaft, der auf einen kurzen Besuch vorbeigekommen ist, hat erst kürzlich wieder in einer medizinischen Fachzeitschrift gelesen, dass das Mehl aus Kastanien alle lebenswichtigen Inhaltsstoffe enthält, einschließlich Vitamin C. Man kann sich das ganze Jahr von Kastanien ernähren ohne Mangelerscheinungen zu erleiden, lautete die Schlussfolgerung des Artikels. Neueste wissenschaftliche Studien bestätigen somit, was die Menschen in den toskanischen Bergregionen, wo Kastanien fast tausend Jahre lang wichtigster Wirtschaftsfaktor waren, schon immer wussten.

Luigi Bertoncini ist mit Ivo Pilo im Haus seiner Eltern verabredet. Der graue Steinbau liegt mitten in einem steil abfallenden, jedoch sehr gepflegten Kastanienwald in der Nähe von Castelnuovo di Garfagnana. Er dient dem Rentner und ehemaligen Maurer heute als Arbeitsplatz für seinen Nebenerwerb. Nur einen Steinwurf entfernt hat er ein modernes Wohnhaus errichtet, einen schmucklosen Kasten, allerdings »mit modernem Bad und Gasheizung ausgestattet«, wie er stolz betont.

In der Stube seines Elternhauses hingegen verbreitet noch ein bulliger Holzofen angenehme Wärme. Zwei Katzen liegen zusammengerollt auf einem Stuhl, sein dreijähriger Enkel Matteo kurvt mit einem Plastikauto auf dem Boden zwischen Kastanienschalen herum und Ivo Pilo hat es sich auf einem abgeschabten Sessel bequem gemacht.

Mit über dem Bauch gefalteten Händen erzählt er das Neuste aus der Nachbarschaft. Luigi und seine Frau Maria hocken derweil an einem großen, vom vielen Scheuern hell gewordenen Holztisch, der vollständig mit getrockneten Kastanien bedeckt ist. Stück für Stück befreien sie die Früchte von ihrer Schale. In Aschenbrödelmanier landen die weißen in einem Korb, die dunklen in einer Kiste, »als Schweinefutter«. Ab und zu füllt der Mann die geschälten Kastanien in eine Holzschütte und wendet sie mit energischem Schwung. »Das entfernt die Schalenreste, die das Mehl bitter machen.« Kastanienmehl aus der Garfagnana, *la farina di neccio*, muss weiß sein und süß schmecken.

Luigi Bertoncini gehört dem neu gegründeten »Verband der Kastanienanbauer der Garfagnana« an. Bei seinem Beitritt verpflichtete er sich genaue Vorschriften bei der Ernte und Verarbeitung der Kastanien einzuhalten. Selbst die Pflege des Baumbestandes und die Behandlung des Waldbodens sind strengen Regeln unterworfen. Denn aus dem »Brot der armen Leute«, wie Kastanienmehl landläufig genannt wurde, weil es viel weniger kostete als Weizenmehl, ist eine gefragte Spezialität geworden und aus der lange vernachlässigten Kastanienkultur ein lukrativer Nebenerwerb.

»Allein die Herstellung gut bezahlter Qualitätsprodukte ermöglicht es den Landwirten in den Apuanen und im Apennin, kostendeckend zu arbeiten«, erklärt Ivo Pilo, der den Verband 1998 ins Leben gerufen hat. Er ist mächtig stolz darauf, dass ihr Mehl bereits nach kurzer Zeit das lang ersehnte DOP–Gütesiegel der EU erhielt. Die Fortführung der Kastanienkultur bedeutet gleichzeitig

Schutz der Natur, Erhaltung der Landschaft und Besinnung auf alte Traditionen.

Das verkaufswirksame Gütesiegel für Produkte, die an ein bestimmtes Gebiet gebunden sind, verheißt Finanzierungshilfen aus Brüssel. Für die Pflege und Instandsetzung der Wälder bekamen die Verbandsmitglieder bereits im Jahr zuvor finanzielle Hilfe aus dem europäischen Topf. Durch die ständige Pflege ihrer Wälder sorgen sie dafür, dass sich im Winter die Erdrutschgefahr und im Sommer die Waldbrandgefahr verringert.

Was dem Verbandspräsidenten an dieser Entwicklung am besten gefällt: »Seit der Aufwertung des Produkts interessieren sich junge Menschen für den Kastanienanbau.« Das ist mehr, als er sich für seine Heimat erhoffte, in der Landwirte vor einigen Jahren noch Schwierigkeiten hatten, eine Frau zu finden.

Wie schon in seiner Jugendzeit verbringt Luigi Bertoncini, gemeinsam mit seiner Frau Maria, heute wieder so manchen regnerischen Novembertag mit dem Schälen der getrockneten Früchte. Nach der Ernte im Oktober kommen die Kastanien zunächst für mindestens vierzig Tage in einen *metato*, wo sie getrocknet werden. Diese begehbaren Steinöfen in Hausform findet man überall in den Kastanienwäldern. Auf dem Fußboden befindet sich eine offene Feuerstelle. Darüber, in zwei Metern Höhe, ist auf dicken Holzbalken ein Drahtgeflecht gespannt. Dort werden die Kastanien in einer achtzig Zentimeter hohen Schicht zum Räuchern ausgebreitet. Das spitze Ziegeldach ist derart konstruiert, dass es den Rauch zwar hinaus-, den Regen aber nicht durchlässt.

»Das Trocknen erfordert viel Sorgfalt«, erklärt

Luigi Bertoncini. Die Temperatur muss konstant bleiben und gleichzeitig darf das Feuer nur glimmen, damit die Früchte nicht verkohlen. Nach zwanzig Tagen müssen sie vorsichtig gewendet werden. In seiner Jugendzeit sei beim Kontrollieren und Wenden der Kastanien in einem fort gebetet worden. »Eine falsche Handbewegung konnte Hungernsnot bedeuten.«

Die getrockneten und geschälten Kastanien werden anschließend zu einer Wassermühle gebracht, wo sie zwischen schweren Mühlsteinen zerrieben werden. Auch das gehört zum Reglement des garfagnanischen Kastanienanbauer-Verbandes. In einer modernen Hammermühle würde das Mehl zu sehr erhitzt, was die Inhaltsstoffe zerstört und den Geschmack beeinträchtigt. Allerdings weiß Verbandspräsident Ivo Pilo nicht, wie lange die traditionelle Verarbeitungsmethode noch möglich sein wird. In der gesamten Garfagnana sind nur noch zehn dieser alten Steinmühlen in Betrieb und die Müller sind fast alle im Rentenalter. Noch gibt es niemanden, der das Müllerhandwerk lernen will. »Das kann uns unsere ganzen Bemühungen zunichte machen«, seufzt er bekümmert.

Livornesischer Eintopf

Impressionen aus der ehrlichsten Stadt der Toskana

Was machen Seeleute in ihren weißen Jacken und mit ihren müden Gesichtern, wenn ihr Schiff einen Hafen anläuft, fragen die beiden Liedermacher Lucio Dalla und Francesco di Gregori in ihrer Ballade »Come fanno i marinai«. Wenn sie nicht gerade Streit suchen, lautet ihre Antwort, trösten sie eine Witwe oder suchen sich sicherlich ein Mädchen in einer Bar, damit sie wenigstens vorübergehend Gesellschaft haben in einer Welt, in der niemand wissen will, wie es ihnen geht.

In Livorno, der einzigen wirklichen Hafenstadt in der Toskana, gingen sie nach einem Liebesabenteuer wahrscheinlich noch zur Torteria da Gargari in der Via del Cardinale, gleich hinter der mächtigen Markthalle aus Eisen und Stein. Dort kämen sie mit einer livornesischen Spezialität schnell wieder zu Kräften: *cecìna*, eine Art Pfannkuchen aus Wasser, Salz und Kichererbsenmehl.

Livorno ist den meisten nur als Durchgangsstation zu den Inseln Elba, Korsika oder Sardinien bekannt. Kaum jemand kommt auf die Idee, der einstmals blühenden Hafenstadt einen Besuch abzustatten. Kunsthistorisch hat die Stadt, die im 16. Jahrhundert von den Medici-Herzögen vollkommen erneuert wurde, weil sie einen Hafen für Florenz brauchten, tatsächlich weniger zu bieten als andere Orte der Toskana. Das ist nicht zuletzt darauf zurückzuführen, dass die Stadt während des Zweiten Weltkriegs bei deutschen Luftangriffen stark beschädigt wurde.

Dabei ist Livorno gerade sehenswert, weil es keine für Touristen aufgetakelte Altstadt mit mächtigen Renaissancepalästen in engen Gassen hat. Typisch für die modernste und in gewisser Weise ehrlichste toskanische Stadt sind Industrie, Hafenbetrieb und Verkehrschaos. Und die wunderbar breiten Straßen, in denen das Sonnenlicht bis in den hintersten Winkel gelangt.

»Livorno hat mit der übrigen Toskana nichts gemeinsam«, findet auch Aldo Santini. Seine Heimatstadt werde nicht von ihrer Architektur geprägt, sondern vom Alltag und den Menschen, die dort leben. »Ein besonderer, wenn auch vulgärer Menschenschlag«, nennt der Schriftsteller seine Mitbürger und zählt sich selbstverständlich auch dazu: »Sie sind nicht geizig wie die anderen Toskaner, Livornesen leben über ihre Verhältnisse. Sie sprechen nicht, sie schreien. Sie lieben nicht, sie verfallen in einen Liebestaumel. Sie geben das Geld nicht aus, sie schmeißen es mit beiden Händen aus dem Fenster.«

Livornesen sind längst nicht so verschlossen wie die übrigen Toskaner. Sie sind tolerant gegenüber Fremden. Diesen Pluspunkt hat Aldo Santini zu erwähnen vergessen.

Der Grund für ihr Anderssein ist in der Vergangenheit zu suchen. Die Vorväter der heutigen Einwohner kann man getrost einen zusammengewürfelten Haufen aus Freidenkern, Staatenlosen und Gesetzesbrechern nennen. Sie kamen auf Einladung der Medici-Herzöge, die ihnen Amnestie versprachen, in die neu gegründete Stadt. Die

Stadtherren erließen tatsächlich eine neue Verfassung, die alle vorausgegangenen Verurteilungen von Bewohnern annullierte und ihnen Rede- und Religionsfreiheit zusicherte. Dies geschah nicht ohne Hintergedanken. Die Medici wollten im Grunde nur die reichen und gebildeten Juden herlocken, die vor der Inquisition aus Spanien flüchten mussten und nach einem neuen Ort suchten, an dem sie ungestört ihren Glauben ausüben konnten. Die Rechnung ging auf. Die Juden kamen und mit ihnen Griechen, Armenier, Leute aus ganz Europa, die keine Heimat hatten oder aus den unterschiedlichsten Gründen nicht zu Hause bleiben durften. Auf diese Weise entstand ein regelrechtes Konglomerat von Volksgruppen.

Noch heute spreche man von einem *cacciucco di razze*, einem »Rasseneintopf«, der seinesgleichen suche, berichtet Aldo Santini. Er ist übrigens der Meinung, dass es wenig Sinn habe, sich bei einem Besuch in Livorno von einem der üblichen Kunstführer leiten zu lassen. Die wirklich interessanten Details der von Buontalenti entworfenen Stadt stünden sowieso in keinem Buch. Livornos Geschichte sei in Anekdoten geschrieben, sagt er und führt als Beispiel das Theater San Marco in der Via Borra an. Das einstige Prunktheater aus Medici-Zeiten verkam irgendwann zum Weizenspeicher. Es machte erst im Jahr 1921 wieder von sich reden, als sich Menschen aus ganz Italien dort versammelten, um die kommunistische Partei Italiens zu gründen. Das Theater sei in derart erbarmungswürdigem Zustand gewesen, erzählt man sich, dass die Gründungsmitglieder die PCI unter Regenschirmen aus der Taufe heben mussten.

Aldo Santini rät, bei einem Rundgang Augen,

Ohren und Nase aufzusperren und die Atmosphäre auf sich wirken zu lassen. »Livorno muss man hören, riechen, schmecken.«

Er würde immer zuerst eine Vaporetto-Fahrt durch Venedig machen. Das »neue Venedig« selbstredend. So wird das ehemalige Fischer- und Händlerviertel Livornos genannt, gestern wie heute das Herz der Stadt. Es ist, wie seine Namensvetterin, von zahlreichen Wasserstraßen durchzogen. Nur vom Boot aus lassen sich die alten, zu den Kanälen geöffneten Gewölbegänge erkennen, die bis weit unter die Stadt hineinreichen. Sie geben Zeugnis von einer besseren Zeit. Früher lagerten in diesen Kellern die Reichtümer der Handelsstadt. Heute dienen sie meist als Rumpelkammern.

Die einstündige Bootsfahrt verläuft größtenteils über den Fosso Reale, den Ringkanal, der die beiden Medici-Festungen Fortezza Nuova und Fortezza Vecchia miteinander verbindet. Er soll in nur drei Jahren von dreitausend Sklaven gegraben worden sein. Einst verfügte die Fortezza Vecchia über eine Zugbrücke, weiß Aldo Santini aus Erzählungen. Sie sollte die Livornesen jedoch nicht vor den Überfällen von Seeräubern bewahren. Die Korsaren hätten sich nie getraut diesen Flottenstützpunkt der Florentiner anzugreifen. Mit der Zugbrücke schützten die Medici sich selbst, wenn sie in der Fortezza Vecchia residierten. »Schließlich hatten sie die Räuber und Hurensöhne in die Stadt geholt.«

Es gibt noch etwas anderes, das Livorno auszeichnet. Das Stichwort ist bereits gefallen. *Cacciucco di razze*, das Völkergemisch der Stadt. *Cacciucco* ist auch der Name der bekanntesten livornesischen Spezialität: Fischeintopf mit vielen

Tomaten, auf livornesische Art eben. Viel wichtiger als das Rezept, »sowieso von Kochtopf zu Kochtopf verschieden«, sei auch hier die Entstehungsgeschichte, meint Aldo Santini, der sich im Laufe seiner Führung als würdiger Nachfahre der Prinzessin Scheherazade aus »Tausendundeine Nacht« entpuppt.

»Ein Leuchtturmwärter erfand das Rezept, zu einer Zeit, als das Leuchtlicht noch mit Öl funktionierte. Auch mit Olivenöl. Deswegen existierte ein Gesetz, das dem Leuchtturmwärter verbot frittierte Speisen zuzubereiten, aus Angst, er könnte dafür das lebensrettende Leuchtöl verwenden. Dem armen Kerl blieb nichts anderes übrig, als sich einen Fischeintopf zu kochen. Weil der Fisch nicht immer ganz frisch war, kochte er ihn vorsichtshalber stundenlang.«

Damit hat Santini das Geheimnis der Suppe gelüftet, in der sich seiner Meinung nach »der Geschmack des Meeres« vereine. Sie will heute jedoch keinem mehr so recht gelingen, weil alles schnell gehen muss. Dabei wird nur durch langes Kochen der Sud dickflüssig und geschmeidig zugleich, sodass er auf der Zunge zergeht.

Nach einem *cacciucco* sollte man auch in Livorno die berühmten tausend Schritte tun. Zum Beispiel auf den Viale Italia, der Meerespromenade, die gleich neben der Schiffswerft Orlando beginnt. Vorbei am städtischen Aquarium, der Marineakademie und den exzentrischen Jugendstilvillen verläuft sie bis zur Rotonda. In diesem kleinen Park am Meer trafen sich Anfang des 20. Jahrhunderts die *Macchiaioli*, toskanische Impressionisten, die in ihren Bildern die Wirkung des Lichts in der Natur festhielten.

Wem das Essen dann immer noch im Magen liegt, der trinke dort einen livornesischen Punsch gemixt aus Rum, Kaffee, Zucker und Zitronenschale, empfiehlt Aldo Santini. Er sei geeignet für jung und alt, finden zumindest die trinkfesten Livornesen.

»Eine völlig aufgelöste Mutter kommt mit ihrem Kleinkind zum Arzt. Es ist knallrot im Gesicht, hat einen aufgedunsenen Bauch und weint bitterlich. – Herr Doktor, was soll ich nur tun? Helfen sie mir! Retten sie mein Kind. Es hat sicherlich vierzig Fieber! Es ist ganz rot im Gesicht. – Was haben sie ihm nur gegeben, liebe Frau? Vielleicht war die Milch zu fett? Oder sie war nicht mehr in Ordnung? – Aber Herr Doktor, ich habe ihm natürlich einen Punsch gegeben. – Einen Punsch? Einem Kleinkind? – Ja, aber was hätte ich denn machen sollen?! Nach einem *cacciucco* braucht man doch einen Punsch zur Verdauung.«

Es darf ruhig wieder Chianti sein!

Ein Tischwein landet im Barrique-Fass

Wer behauptet, dass Kulturreisen unbedingt langweilig und vor allen Dingen trocken sein müssen? Jedenfalls nicht im Chianti-Gebiet, wo Landschaft und Wein seit Jahrhunderten untrennbar miteinander verbunden sind. Wer Land, Leute und Kultur verstehen will, kommt an einem Besuch in einem Weingut – natürlich mit anschließender Degustation! – also gar nicht vorbei. »Bacchus sei Dank« weisen braungrundige Schilder mit der Aufschrift »Strada del Vino«, Weinstraße, den Bildungsdurstigen vielerorts den Weg zu Kellereien und zu gut sortierten Enotheken.

Spätestens dort stellt sich jedoch heraus, dass es eine ganze Menge zu lernen gibt. Es hat sich viel verändert in den letzten Jahren im Chianti-Gebiet mit dem Chianti-Wein. Sichtbarster Beweis: aus dem dickbauchigen, strohumwickelten *fiasco* ist eine genormte Bordeaux-Flasche geworden, auf der meist ein schwarzer Hahn prangt. Gütesiegel für den kontrollierten Qualitätswein aus dem historischen Chianti-Gebiet. Die eigentliche Veränderung in Weinberg und Keller hingegen ist weniger augenscheinlich. Sie wird erst bei einer Weinprobe erkennbar: Chianti ist nicht mehr der einfache Tischwein früherer Tage. Es hat sich zu einem gut strukturierten Wein mit intensiver Farbe, höherem Alkoholgehalt und dem obligatorischen Holztanningeschmack gemausert und ist zudem heute lagerungsfähig.

Mit den Zeiten hätten sich eben die Trinkgewohnheiten geändert, kommentiert Luigi Folonari vom Weinhandelshaus Ruffino diese Entwicklung. Der traditionsreiche Familienbetrieb, der in den sechziger Jahren die Bundesrepublik mit seinem Chianti Ruffino sozusagen italianisierte, hat die Veränderung selbst zu spüren bekommen. Ihr Tischwein kam plötzlich aus der Mode. »Früher war Wein in einem Herstellerland ein Lebensmittel. Heute hingegen ist er ein Produkt, mit dem man Eindruck machen will. Er wurde zum Ausdrucksmittel der Identität von Weinkennern und solchen, die es werden wollen.«

Die Trendwende begann in den achtziger Jahren, als Essen und Trinken plötzlich zu Ess- und Trinkkultur fermentierten. Die Weintrinker wollten nicht nur ein Getränk zum Essen, sie wollten Qualität. Die Nachfrage nach einer Weinkategorie, die diese Vorlieben widerspiegelte, wuchs. Seitdem werden in der gesamten Region zwar weniger, dafür bessere Weine gekeltert.

Die Folonaris standen – wie alle Winzer im Chianti-Gebiet – allerdings vor dem Problem, im selben Anbaugebiet mit der gleichen Rebsorte einen modernen, sprich lagerungsfähigen, eleganten Wein zu keltern. Weil ein großer Wein zuallererst im Weinberg gemacht wird, womit natürlich nicht nur die sorgfältige Weinlese per Hand gemeint ist, schraubten die Winzer die Hektarerträge herunter, ersetzten überalterte Weinstöcke, experimentierten mit der Pflanzendichte und probierten neue Schnittmethoden aus.

In der Kellerei wurde ebenfalls experimentiert: Zwar verlangte die historische Formel, dass Chianti nur aus der roten Sangiovese-Traube zusammen mit einem kleinen Anteil weißer Trauben gekeltert werden durfte. Dieses traditionelle Mischverhältnis aus roten und weißen Trauben garantierte schließlich seine typische Frische, die Fruchtigkeit und das intensive Bouquet, gleichzeitig verringerte es jedoch seine Lagerfähigkeit. Die Chianti-Winzer setzten sich aber vielerorts über die strengen Produktionsvorschriften hinweg. Sie probierten reinsortige Sangiovese-Weine aus und mischten französische Traubensorten dazu. Zusätzlich modernisierten sie ihre Kellereien und nahmen experimentierfreudige Weintechniker unter Vertrag, die die Weine beispielsweise in kleinen Holzfässern, den »barriques«, reifen ließen, um eine persönliche Note zu erzielen. Seitdem ist Chianti viel differenzierter als noch vor einigen Jahren. Plötzlich spielen Unterzonen wie Gaiole und Castellina eine Rolle und sind Begriffe wie Mikroklima und Bodenbeschaffenheit in Weinkenners Mund, weil sich das alles auf den Charakter eines Weines auswirke, wie Luigi Folonari erklärt. Früher habe man einfach die Trauben der verschiedenen Weinberge miteinander vermischt. Das passiere heute natürlich nicht mehr. »Heute lautet die erste Frage eines Weinkenners: Chianti Classico, aus welchem Gebiet und von welchem Betrieb?«

Nach langem Tauziehen wurde die traditionelle Chianti-Formel verändert. Das bedeutet der toskanische Rebsaft kann nunmehr offiziell hundertprozentig rot oder mit französischen Trauben versetzt sein. Der Aufwand hat sich nach Meinung der Winzer gelohnt. Chianti Classico ist erneut das italienische Lieblingskind der internationalen Weinfreunde, die dafür hohe Preise zahlen.

Der typische Chianti sei allerdings auf der Strecke geblieben, bedauert der Schweizer Andreas März, der in der Toskana lebt. Der Weinjournalist trauert dem »fröhlichen, unbeschwerten, tanninigen Produkt« nach, das man zum deftigen Essen trank. Heute existierten fast nur noch teure, aufgerüstete Weine, die »schwerer, konzentrierter und weniger trinkbar sind«. Er hofft, dass das Pendel wieder nach der anderen Seite ausschlägt. Es sei so weit gekommen, dass die hoch gelobten Weine zum Objekt der Sammelbegierde geworden sind und ungeöffnet in den Kellern verstauben. Er glaubt, dass er den richtigen Chianti-Freunden aus dem Herzen spricht, wenn er sich wieder mehr Chianti-Weine zum Trinken wünscht. »Dafür sind sie schließlich da.«

Freiheit ohne Freizeit

Eine Schweizer Weinbäuerin in der Toskana

Isabella Fahrni ist ein eher nüchterner Mensch. Deswegen muss sie jedes Mal schmunzeln, wenn sie ihre Geschichte von den drei Schweizern erzählt, die auszogen, sich ihren Traum zu erfüllen. Gemeinsam mit dem zwei Jahre jüngeren Bruder Christoph und der Mutter Yvonne hatte sie sich entschlossen ein Haus in einem warmen, sonnigen Land zu erwerben. Das Elternhaus in Bern sollte verkauft, Lehrerinnenstelle, Ethnologiestudium und Pensionistinnendasein an den Nagel gehängt werden. Gemeinsam wollten sie den Sprung in ein neues Leben wagen. Dass die Fahrnis ihr Traumhaus schließlich in der Toskana fanden, war eher Zufall. Es hätte ebenso gut Spanien oder Frankreich sein können, sagt Isabella. Doch dann entdeckten sie bei einer Stippvisite in der Provinz Pisa die Villa Vestri bei Lari. »Es war Liebe auf den ersten Blick, denn es stimmte einfach alles. Das Haus, die Landschaft, die Lage und die Nähe zum Meer.« Das dreistöckige Haus aus dem 18. Jahrhundert hatte jahrelang leer gestanden. Auffahrt und Park waren unter Brombeerranken und wilden Reben begraben und die dazugehörigen zehn Hektar Land vollkommen verwildert. Trotzdem entschloss sich die Familie innerhalb von nur einer Woche zum Kauf. »Wir haben gedacht: Wir schauen dann einfach mal, was wir mit dem Land machen.«

Die damals dreißigjährige Isabella Fahrni hatte vor, in Italien noch einmal zu studieren, Kunstgeschichte, der Bruder Christoph wollte sein Ethnologiestudium beenden. Doch dann begannen die Geschwister den Park der Villa zu roden. Sie wollten zumindest den Garten in Ordnung bringen. »Dabei hat es uns wohl gepackt«, fasst Isabella die Ereignisse zusammen.

Heute liegt die geräumige Villa, die die Fahrnis mit viel Geschmack und Fantasie restaurierten, wieder mitten in einem gepflegten Park. Hoch gewachsene alte Bäume und eine kurze Bambusallee bilden den harmonischen Rahmen für Dutzende von Rosenbüschen, die jeweils von einem Kranz Lavendelsträuchern umgeben sind. »Neben dem herrlichen Farbeffekt im Frühsommer ist das ein sicheres Mittel gegen Blattläuse«, erklärt Isabella Fahrni und gibt damit eine Probe ihres neu erworbenen Sachverstandes.

Denn aus der Sonderschullehrerin Isabella und dem Ethnologiestudenten Christoph sind inzwischen Vollerwerbsbauern geworden, die in der Toskana biologischen Landbau betreiben. Von sechs Uhr morgens bis zur Dämmerung arbeiten sie in Weinberg, Kellerei oder Gemüsegarten, wo es gilt, fünfhundert Olivenbäume, drei Hektar Rebfläche, dreihundert Obstbäume und mindestens einen Hektar Gemüsegarten zu versorgen. Arbeit genug für vier Leute, seufzt Isabella, die sie zu zweit leisten müssten. Das Haus und die zahlenden Feriengäste, die für ein willkommenes Zubrot sorgen, werden von Mutter Yvonne Fahrni versorgt.

Die Entscheidung für die ökologische Landwirtschaft ergab sich zwangsläufig. Bereits in der

Schweiz sei ihnen Umweltschutz wichtig gewesen, erklärt die Jungbäuerin. »Seitdem ich jedoch weiß, was im Laufe eines Erntejahres so alles auf die Pflanzen gespritzt wird, bin ich noch mal so glücklich ungespritztes Gemüse und Obst direkt vor der eigenen Haustür ernten zu können.«

Isabella Fahrni schüttelt den Kopf, wenn sie an die erste Zeit zurückdenkt. »Wir hatten von Landwirtschaft nicht die geringste Ahnung.« Es amüsiert sie nach wie vor, wenn sie sich daran erinnert, wie sie und ihr Bruder in echter Lehrermanier mit dem Fachbuch in der einen und der Baumschere in der anderen Hand die Olivenbäume beschnitten. »Wir waren unglaublich stolz, als wir im November mit unseren ersten, selbst gepflückten Oliven zur Ölmühle fuhren und mit dem Öl nach Hause kamen.« Danach meldeten sie sich allerdings schleunigst beim zuständigen Landwirtschaftsamt für einen Schnittkurs an. »Oliven sind immergrüne Pflanzen und da kann man eine ganze Menge falsch machen.«

Mit dem Wein erging es ihnen ähnlich. Zunächst schafften sie sich einen uralten Traktor an, »um zu sehen, ob wir damit überhaupt umgehen konnten«. Natürlich merkten die beiden Quereinsteiger sehr schnell, dass Bücherwissen allein nicht ausreichte, um sie zu Weinbauern zu machen. Sie fragten die Fachleute des Winzerverbandes um Rat und schauten ihren Nachbarn bei der Arbeit über die Schulter. Dabei lernten sie, was sie für den Anfang brauchten: wie man den Boden vorbereitet, wie man die richtigen Pflanzabstände einhält und die Haltedrähte spannt. Ihr bester Lehrmeister sei jedoch die Natur gewesen, behauptet Isabella Fahrni: »Man kann von ihr sehr viel lernen, wenn man die Augen offen hält.« Heute kann sie bereits auf Erfahrung zurückgreifen. Mit Genugtuung erinnert die junge Frau sich daran, wie verdutzt die Nachbarn und Fachleute von der Landwirtschaftsbehörde in Pisa waren, als sie merkten, dass das Schweizer Geschwisterpaar keinesfalls Fachleute beauftragt hatte, sondern seine Weinberge selbst anlegte. Mittlerweile hat man sich daran gewöhnt, dass die burschikose Frau mit ihrem strohblonden Zopf nicht nur die typischen Frauenarbeiten wie Gartenpflege und Weinlese verrichtet, sondern dass sie mit der gleichen Selbstverständlichkeit den Traktor lenkt, selbst die Motorsäge ansetzt und Olivenbäume beschneidet. Ihre rissigen, fleckigen Hände mit den kurz geschnittenen Fingernägeln, die sie ohne Scheu vorzeigt, sprechen Bände.

Biologisch ja, traditionell sei ihre Arbeitsweise deswegen noch lange nicht, stellt Isabella Fahrni klar, während sie die Tür zur betriebseigenen Weinkellerei aufschließt, die in dem lang gestreckten Nebengebäude untergebracht ist. Eine neue Hygienevorschrift verlangt, dass die Kellereiwände mit Chlor abwaschbar sind, erklärt sie den frischen Farbgeruch, der einem entgegenschlägt. Die *cantina* ist kein malerisches Kellergewölbe, sondern ein kahler funktionaler Raum. Es fehlen obendrein die kleinen Barrique-Fässer, die unter toskanischen Weinproduzenten zum guten Ton gehören. Stattdessen wird der Wein in Betonfässern gegoren und in Stahlbehältern gelagert. Eine zusätzliche Behandlung ist nicht vorgesehen. »Der Wein wird gut, wenn es ein gutes Jahr war«, lautet das Winzerdogma der Fahrnis, die, weil sie sich keinen Weinfachmann leisten können, nur telefonisch von einem Techniker der zuständigen Weinbehörde betreut werden.

Die Entscheidung für biologische Landwirtschaft hat sich gerade im Bereich Weinbau als richtig erwiesen. Die Fahrnis haben keine Mühe, Abnehmer für ihren Wein mit dem klangvollen Namen »Sotto il Vento« zu finden. Darauf ist Isabella Fahrni zu Recht stolz. Denn es ist nicht einfach, ohne chemische Zusätze ein fehlerfreies Produkt zu erhalten, das den hohen Ansprüchen von Weinkennern genügt. Meist dauert es Jahre, bis es gelingt, einen guten Wein zu machen. Vor allen Dingen ist es Erfahrungssache und, wie Isabella sagt, »auch ein bisschen eine Kunst«.

Mittlerweile hat sich auch das Verhältnis zu den Nachbarn verbessert. Die anfängliche Distanz ist freundlichem Respekt vor den beiden Schweizern gewichen, die die mühselige Arbeit mit der hügeligen toskanischen Erde nicht scheuen. Im Grunde kann Isabella Fahrni das Misstrauen sogar verstehen. Ausländer, Neulinge in der Landwirtschaft und dann noch Biobauern, die freiwillig die alten, arbeitsintensiven Methoden aus der landwirtschaftlichen Mottenkiste holen, das war wohl zu viel auf einmal. »Wahrscheinlich haben sie befürchtet es mal wieder mit den typischen Besserwissern aus dem Norden zu tun zu haben.« Seitdem die Winzerkollegen aus der Nachbarschaft jedoch festgestellt haben, dass die Fahrnis nicht nur freundlich und hilfsbereit sind, sondern auch einen anständigen Wein machen, sind sie neugierig geworden. »Einige haben uns sogar gefragt, wie die biologische Pflanzenschutzmethode funktioniert.«

Noch können sie, bei viertausend Flaschen Jahresproduktion, ihren Lebensunterhalt nicht durch Weinbau allein bestreiten. Das wird frühestens in drei, vier Jahren der Fall sein, hofft Isabella Fahrni, falls keine Missernte einen weiteren Strich durch die knapp kalkulierte Kosten-Nutzen-Rechnung macht. Das Anlegen von einem Hektar Rebfläche kostet zwanzigtausend Euro. Das geht nicht ohne Kredite. Gott sei Dank gibt es die Pension der Mutter, mit der sie die laufenden Kosten decken, und natürlich das Olivenöl und zwei Ferienwohnungen.

Mit der Unberechenbarkeit der Natur machten Isabella und Christoph bereits ihre Erfahrungen. So sind in einer einzigen Frostnacht im April 1997 alle Triebe erfroren. »In solchen Momenten denkt man schon: Hätte ich doch was anderes gemacht. Doch dann kommt im folgenden Jahr eine gute Weinernte und man ist wieder zufrieden.«

In jener Aprilnacht haben nicht nur die Fahrnis die Hälfte ihrer Weinernte verloren. In der gesamten Toskana erfroren Olivenbäume und Weinreben, ein enormer finanzieller Schaden für die Landwirte.

Ein anderes Mal bereitete Wassermangel die größten Probleme. Vier Monate regnete es nicht, sodass im Gemüsegarten der Fahrnis das vertrocknete Laub bereits von August an unter den Schuhen raschelte. Die Ernte fiel dementsprechend mager aus.

Mit Sorgen denkt Isabella an die kommende Weinernte. Es ist bereits Anfang September und die Trauben haben noch einen zu geringen Öchslegrad, um daraus einen guten Wein machen zu können. Sie wartet sehnsüchtig auf einen kräftigen Gewitterguss, der den Staub von den Blättern waschen und damit die Fotosynthese anregen soll.

Draußen ist es dämmerig geworden. Auf dem Weg zur Villa hält Isabella nach Christoph Ausschau. In der Regel besprechen die Geschwister die Termine für den nächsten Tag bei den gemeinsamen Mahlzeiten. Christoph will den Abend dieses Mal mit seiner Freundin, der Imkerin Marina, allein verbringen. Ihr gehören die Bienenstöcke, die bei den Fahrnis auf den Wiesen stehen. Eine gelungene berufliche und private Verbindung, findet Isabella.

Das Paar hat sich im obersten Stock der Villa eine abgeschlossene Wohnung eingerichtet. Auch Isabella und ihre Mutter haben jeweils separate Räume, halten sich jedoch meist im Erdgeschoss auf, wo die Gemeinschaftsräume liegen: Küche, Esszimmer, Bibliothek und das Büro. Die fast tausend Quadratmeter Wohnfläche sind der Garant dafür, dass das Zusammenleben funktioniert. Trotzdem müssen sie sich alle ein bisschen anstrengen und vor allen Dingen miteinander im Gespräch bleiben. Isabella und Christoph wissen, dass der Betrieb nur läuft, wenn sie zusammenbleiben.

Isabella selbst hat gerade keine feste Beziehung. Ihr mache das keinerlei Probleme, wie sie sagt. Die Arbeit lässt ihr sowieso kaum freie Zeit. Selbst die geliebten Kunstbände in der Bibliothek wurden von der landwirtschaftlichen Fachliteratur sozusagen in die zweite Reihe verwiesen. Isabella war schon lange nicht mehr in einer Ausstellung oder in einem Museum. Das findet sie natürlich bedauerlich, doch hat sie einfach andere Prioritäten gesetzt. Sie engagiert sich lieber in der

Frauengruppe des örtlichen Bauernverbandes. Dort erfuhr sie im Laufe der Zeit eine ganze Menge über Landwirtschaft und den Frauenalltag toskanischer Bauernfamilien. Anfangs wunderte sie sich sehr darüber, dass es in ihrer Nachbarschaft keine junge italienische Frau gibt, die Landwirtschaft betreibt. »Es muss schon weh tun, wenn Mütter feststellen, dass die eigenen Töchter nichts mehr mit der Landwirtschaft zu tun haben wollen, dass sie nicht einmal mehr einen Gemüsegarten haben und ihre Tomaten im Supermarkt kaufen.«

Die Schweizerin versucht an den Informationsständen des Bauernverbandes junge toskanische Frauen davon zu überzeugen, dass Bäuerin ein wichtiger, ein schöner Beruf ist. Sie könne das wirklich mit Leidenschaft vortragen, lacht sie. Isabella Fahrni geht in ihrem neuen Beruf vollkommen auf. Mehr noch: Sie fühlt sich rundherum wohl in ihrer neuen Heimat: als Frau, als Landwirtin, in der Familiensituation. Für nichts in der Welt würde sie tauschen wollen. »Ich weiß zwar nicht mehr, was Freizeit ist. Aber ich habe sie gegen die Freiheit eingetauscht, das zu tun, was mir gefällt.«

Der richtige Gaumen fürs flüssige Gold

Die »Schule des Olivenöls«

Giuliano Simiani schaut in die Runde. »Vor dem Probieren muss der Mund mit einem kräftigen Schluck Wasser ausgespült werden.« Mit diesem Rat beginnt der toskanische Lebensmittelexperte seine kleine Einführung in Sachen Olivenöl. Schließlich soll bei der anschließenden Öldegustation jede fremde Geschmackseinwirkung ausgeschlossen werden. Etwa ein Dutzend Männer und Frauen sind der Einladung der toskanischen Produzentengemeinschaft Laudemio gefolgt. Sie sind in das Lokal in der florentinischen Altstadt gekommen, um bei der *Scuola dell'Olio* den richtigen Umgang mit dem Lebensmittel zu lernen.

Die Idee für eine »Schule des Olivenöls« stammt von einer Gruppe toskanischer Fachleute. Sie wollten dazu beitragen, dass im viel zitierten »Zeitalter von Ess- und Trinkkultur« das Wissen über Olivenöl zum Allgemeingut wird. Ihrer Meinung nach wissen selbst Italiener, immerhin weltweit führend im Pro-Kopf-Verbrauch von Olivenöl, noch viel zu wenig darüber, wie und woran man Qualität erkennt. Dabei, das versprechen die Experten in ihrer begleitenden Informationsbroschüre zu den mobilen Seminaren, reicht bereits eine halber Nachmittag aus, um ein Spitzenprodukt von Massenware unterscheiden zu können.

Hauptbestandteil des Unterrichts ist der Geschmacksvergleich von Produkten aus verschiedenen Mittelmeerregionen. Zu diesem Zweck hat jeder Kursteilnehmer – wie bei einer Weinprobe – mehrere Gläser, eine Wasserflasche und einen Spucknapf vor sich stehen. Als Neutralisierer zwischen den verschiedenen Olivenölen werden zusätzlich Brotscheiben und Apfelstückchen gereicht.

Und genauso wie Wein, erklärt Giuliano Simiani seinen aufmerksamen Schülern, wird das Olivenöl zunächst einmal mit der Nase erkundet. Das schult den Geruchssinn und ist zudem ein kleiner Ausflug in die Botanik der Mittelmeerländer. Oliven nehmen die Gerüche aus ihrer Umgebung an.

Als Nächstes führt der Fachmann vor, wie das Öl gekostet wird. Lautstark und mit viel Luft vermischt schlurft er es in kleinen Schlucken durch die Zähne. Auf diese Weise verteilt es sich langsam auf der ganzen Zunge.

»Toskanisches Spitzenöl«, lernen dabei die Zuhörer, die konzentriert versuchen es ihm gleichzutun, »muss vorne auf der Zunge weich schmecken, im Rachen jedoch einen herben Nachgeschmack hinterlassen.« Diese besondere Geschmacksnote ist das Resultat der Erntemethode. In der hügeligen Toskana werden die Früchte nach wie vor, kurz bevor sie von alleine abfallen, häufig mit der Hand vom Baum gepflückt, um zu verhindern, dass sie beschädigt werden. Allerdings sind sie zu dem Zeitpunkt noch nicht vollständig reif.

Im Vergleich dazu wird Olivenöl aus Apulien gereicht, das auf der ganzen Linie mild auf der Zunge und kräftig im Geschmack ist. Auch hier spielt die Erntemethode eine Rolle. In den süditalienischen Ebenen, wo es riesige Plantagen gibt, wird mit Maschinen gearbeitet. Sie schütteln die voll ausgereiften Früchte von den Bäumen in große Netze, die um die Stämme gespannt sind. Das hilft zusätzlich Kosten sparen.

Eines jedoch haben alle Spitzenöle gemeinsam: Sie schmecken nach Oliven. Was banal klingt, ist der wichtigste Indikator, um Olivenöl *extravergine* der ersten Pressung zu erkennen. Den naturreinen Fruchtsaft also, mit einem Säuregehalt von höchstens einem Prozent, gewonnen in einer traditionellen Ölmühle, dem *frantoio,* bei vitaminschonenden Temperaturen unter 28 Grad und ohne Zusatz von chemischen Lösungsmitteln.

Giuliano Simiani weist seine Schüler darauf hin: Wer es lieber geschmacksneutral mag, solle besser gleich Butter oder Sonnenblumenöl verwenden. Ein geschmacksneutrales Olivenöl sei bestenfalls defekt und schlimmstenfalls mit chemisch aufbereitetem Öl vermischt.

Gar nicht häufig genug kann der Experte die Aufforderung wiederholen, ausschließlich Ware mit dem Zusatz *extravergine* zu kaufen. Ein kritischer Blick auf das Flaschenetikett kann in vielerlei Hinsicht äußerst hilfreich sein. Steht dort zu lesen, wer das Produkt herstellt und abfüllt, wann das genaue Verfallsdatum ist, da es spätestens nach 18 Monaten aufgebraucht sein soll, und welche Nähreigenschaften das Öl besitzt, kann der Verbraucher sicher sein, für sein teures Geld ein erstklassiges Produkt zu bekommen.

Dann, beschließt Simiani seine kleine Lebensmittelkunde, braucht man nur noch zu wissen, dass Olivenöl in einem luftundurchlässigen Behälter aufbewahrt werden soll, geschützt vor Licht und Wärme.

»Manchmal kehrt der Arno nach Hause zurück«

Von Umweltsünden und Naturkatastrophen

7 Uhr 26. Noch wochenlang zeigten die elektrischen Uhren in Florenz den Zeitpunkt an, als am 4. November 1966 schließlich auch der Strom ausfiel. Drei Stunden vorher war das erste Wasser des Arno auf der Höhe der Uffizien über die Ufermauern geschwappt und hatte sich in den Straßen verteilt. Das Flusswasser stieg und stieg, drang ein in Häuser, Kirchen und Museen. Gegen Mittag war die Altstadt auf der rechten Flussseite überflutet, einschließlich Uffizien, Baptisterium, Piazza Santa Croce. Dort stand das Wasser fünf Meter hoch. Dann zog sich der Arno wieder zurück, hinterließ eine schmierige Schlammölschicht, unzählige zerstörte Kunstschätze und 17 Tote. Von Arezzo bis Pisa verwüstete er das Land. Dabei ertranken 63 Menschen.

Die direkte Ursache: Fünfzig Kilometer flussaufwärts von Florenz waren zwei Staudämme geöffnet worden, weil es tagelang geregnet hatte und man einen Bruch befürchtete. So ergossen sich viertausend Kubikmeter Wasser pro Sekunde in Richtung Meer, das Doppelte dessen, was das enge Arnobett in der Renaissancestadt verkraften konnte.

Anschließend erklärte man den sintflutartigen Regen zum Hauptschuldigen der Hochwasserkatastrophe. Ganz vereinzelt wurden Klagen gegen den Menschen laut. Ihm warf man vor, die Rechnung ohne den Wirt gemacht zu haben, als er den Fluss begradigte, die Ufer zementierte, das Geröll entnahm und die Pflege der Flussauen sträflich vernachlässigte. Schließlich hatte der Arno die Ebene von Florenz geschaffen und dort ständig seinen Verlauf gewechselt, bis der Mensch begann alles zu bebauen und den Fluss in ein viel zu enges Bett zu zwängen. »Und manchmal kehrt der Arno eben nach Hause zurück«, warnt bereits eine alte Bauernregel.

Raffaello Nardi nennt den Arno »einen Bach mit dem Ehrgeiz, ein Strom zu sein«. Der Geologieprofessor ist Generalsekretär der Autorità del Bacino, der Behörde für das Wassereinzugsgebiet des Arno. Von Amts wegen ist er für den 241 km langen Fluss verantwortlich, der im Pratomagno östlich von Florenz entspringt und bei Pisa ins Tyrrhenische Meer mündet. Keine leichte Aufgabe, denn das Wassereinzugsgebiet des Arno besteht zu mehr als zwei Dritteln aus Hügel- und Berglandschaft, wo es in milden Wintern häufig regnet. Dann werden selbst die kleinsten Rinnsale, die dem Arno zufließen, zu reißenden Ungeheuern. Jahrelang arbeitete Raffaello Nardi an einem Maßnahmenkatalog, mit dessen Hilfe er Frieden schaffen will zwischen Mensch und Fluss. Bisher wartet er jedoch vergeblich darauf, dass ihm das Parlament in Rom die Gelder bewilligt, mittels derer er die Hochwassergefahr eindämmen sowie den Trinkwasserengpass und die Wasserverschmutzung beseitigen will.

Bei Capo d'Arno, der Quelle auf dem Monte Falterone, zeigt sich der Arno von seiner freundlichsten Seite. Das Wasser sprudelt neben einer antiken etruskischen Kultstätte aus dem Boden.

Bereits nach zwölf Kilometern hat es einen Höhenunterschied von fast tausend Metern überwunden. Nur eine verlassene Mühle, an der heute eine Forellenzucht betrieben wird, liegt an seinem Lauf.

Beim Städtchen Stia erreicht der Fluss das Casentino, eine fruchtbare, wenig besiedelte Hochebene, um die sich, wie in einem Amphitheater, eine Kette bewaldeter Berge reiht. Die von Mönchen im Mittelalter angepflanzten Mischwälder waren lange Zeit der einzige Reichtum der abgelegenen Gegend. Mit den kerzengeraden, haushohen Bäumen errichtete man in ganz Italien Kirchen, Paläste und baute Schiffe. Die Stämme wurden von Ochsen zum Arno gezogen, dort ins Wasser gelassen und mit Flößen bis zur Mündung transportiert.

Die Forstwirtschaft hat hier oben längst an Bedeutung verloren. 1991 erklärte man das Casentino zum Nationalpark und setzt nun auf sanften Tourismus und auf Pilger, die die Stille der Klöster Camaldoli und La Verna genießen wollen. Der Arno profitiert von dieser Entscheidung. Er fließt und glitzert in der Sonne. Seine Ufer sind gepflegt, das Wasser ist sauber. Er dankt es mit Reflexen, Geräuschen und Farben, die flussabwärts zum Legendenrepertoire gehören. Gestört wird die Idylle nur durch zahlreiche Sand- und Kiesgruben, die tiefe Wunden in die Landschaft schlagen. Der intensive Abbau im Flussbereich senkte zudem den Wasserspiegel, sodass nicht einmal mehr Floßfahrten möglich sind. Laut Professor Nardis Maßnahmenkatalog ließe sich dieses landschaftliche Problem mit etwas gutem Willen aus der Welt schaffen: »Es dürfen keine weiteren Gruben mehr eröffnet werden.«

Zu Füßen des Pratomagno ist es mit dem Frieden zwischen Fluss und Mensch vorbei. Der Landwirt Franco Gobbo liefert die Erklärung dafür: »Es wird eine Landwirtschaft betrieben, die die landschaftlichen Bedingungen nicht berücksichtigt.«

Seit Generationen betreibt die Familie des Wein- und Olivenanbauers an den Abhängen des Apenninausläufers Land- und Forstwirtschaft. In der Vergangenheit pflegten die Gobbos ihre terrassenförmigen Felder wie Gärten, hielten ihre Wälder in Ordnung und verwendeten viel Sorgfalt auf die Instandhaltung der Wassergräben. So konnte das Regenwasser ungehindert in Richtung Arno ablaufen. Aus Gründen der Wirtschaftlichkeit hat sich die Lage völlig verändert, bedauert Franco Gobbo. Wie viele andere Bauern musste der Mann die Wälder sich selbst überlassen, hat seine Terrassen zu Anbauflächen planiert und dabei die Wassergräben zugeschüttet. Seitdem stürzen bei jedem Regenguss die Wassermassen ungebremst ins Tal, schwemmen die fruchtbare Erde weg und überfluten die Flussauen.

An dieser Stelle bereiten nicht nur die Zerstörung und Verwahrlosung des Entwässerungssystems Raffaelo Nardi Sorgen. In der Ebene, wo der Arno eine Kehrtwendung macht und wieder gen Norden fließt, »der Stadt Arezzo also eine Ohrfeige verpasst«, wie die Leute sagen, vermischt sich der Fluss mit dem Chianakanal, der stark mit Pflanzenschutzmitteln und Dünger belastet ist. Das flache Chianatal ist eines der wenigen Gebiete in der Toskana, wo Intensivanbau und Massentierhaltung betrieben werden. Mit anderen Worten: Dort bestimmt die Europäische

Union mit ihrer Subventionspolitik, was angebaut wird. Flusswart Nardi sieht das gar nicht gerne. »Es wird eine Landwirtschaft gefördert, die man nicht mit Hilfe des Arno, sondern auf seine Kosten betreibt«, kritisiert er. Er meint damit nicht einmal die starke Belastung durch Nitrate und Phosphate. Die könne der Arno an dieser Stelle sogar noch verkraften. Er spricht vom niedrigen Wasserstand. Im Sommer wird im Chianatal, wie auch weiter oben im Sievetal, nachts Wasser abgepumpt, um die Felder zu bewässern. Diese illegale Praxis gefährdet die Trinkwasserversorgung flussabwärts. Im Sommer sterben außerdem die Fische an Sauerstoffmangel. Dem Trinkwassernotstand für Florenz konnte durch eine Talsperre im oberen Sievetal vorgebeugt werden. Sie sollte anfangs die Stadt vor Hochwasser schützen. Weil man sie jedoch viel zu weit oben geplant hatte, wies man ihr kurzerhand diese Aufgabe zu. Für Nardi gibt es trotzdem nur eine Lösung: »In der wasserarmen Toskana darf keine Anbaukultur gefördert werden, die künstliche Bewässerung benötigt.«

Die Gefahr macht sich zuerst an der Farbe bemerkbar. Wenn aus dem silbernen Arno, wie es in einem Volkslied heißt, ein brauner wird, ist man flussabwärts gewarnt. Die mitgeschwemmte lehmige Erde kündet vom Regen in den umliegenden Bergen, wo die Abhänge erodieren. Amadeo Biazzi von der Provinzverwaltung in Arezzo bereitet sich dann jedes Mal auf das Schlimmste vor. Jahrelange Erfahrung hat den Hochwasserexperten gelehrt, dass der Arno bei Regen innerhalb von Stunden zum Giganten werden kann. Es sei allerdings zwecklos einen Medizinmann kommen zu lassen oder Kerzen vor dem ewigen Vater aufzustellen, schimpft er. Es müsse Vorsorge betrieben werden. »Wir brauchen eine neue Einstellung zur Natur.« Diese Forderung ist an die Politiker in Rom adressiert. In nur dreißig Tagen hätten sie der Finanzierung der Fußballweltmeisterschaft 1990 zugestimmt. Auf die Mittel zur Sanierung des Arno, die in der gleichen Größenordnung liegen, warte man seit mehr als dreißig Jahren.

Im mittleren Arnotal zwischen Arezzo und Florenz befindet sich der Dreh- und Angelpunkt für die Flussregulierung. Gleich zwei Staudämme, die im Sommer als Wasserreservoir und im Winter als Energiespender dienen, haben bei Hochwassergefahr die Aufgabe, die Wassermassen aus den Bergen zurückzuhalten, um den stark besiedelten Unterlauf zu schützen. 1966 misslang das gehörig. Trotzdem wurde wenig unternommen, um die Gefahr einzudämmen. In Florenz erhöhte man lediglich die Ufermauern und vertiefte das Flussbett. Die Arnostadt Pisa erhielt immerhin einen Seitenkanal, der bei Hochwasser einen Teil des Flusswassers an der Stadt vorbeileitet. Ansonsten tat man alles Erdenkliche, um die Situation zu verschlimmern, klagt auch Raffaello Nardi. So kann er nur verständnislos den Kopf darüber schütteln, dass seelenruhig in den Flussauen weitergebaut wurde. Seiner Meinung nach wäre ein Netz von Wasserauffangbecken den Arno entlang die wichtigste Voraussetzung für einen funktionierenden Hochwasserschutz. Doch dort ist alles verbaut.

Der Generalsekretär der Wasserbehörde fühlt sich bei der Arbeit von den Kommunal- und Landespolitikern oft allein gelassen. Zwar konnte er vorübergehend einen Baustopp für den gesamten

Uferbereich durchsetzen. In allen weiteren Punkten, wie die Nutzung der Dämme und der Bau eines Seitenkanals für Florenz, stößt er bei seinen Ansprechpartnern auf Widerstand. Solange jedoch nur diskutiert wird, bleibt den Bewohnern am Arno im Ernstfall wohl wirklich nichts anderes übrig, als Kerzen aufzustellen und zu beten.

Wer im Sommer auf dem Ponte Vecchio steht und miterlebt, wie sich bei gelbem Abendlicht die mächtigen Renaissancepaläste im dunklen Flusswasser spiegeln, ist überwältigt von so viel Schönheit und Harmonie. Renzo Pucetti, ein rüstiger Rentner aus der Arnostadt, ist da anderer Meinung. »Es ist ekelhaft, einfach ekelhaft«, schimpft er und meint den Arno, die Stadtverwaltung und seine Mitbürger. Florenz bezieht sein Trinkwasser aus dem Arno. Das Flusswasser wird am Stadteingang abgepumpt und mit modernster Technologie in Trinkwasser umgewandelt. Die Abwässer einer halben Million Menschen werden in der Kanalisation gesammelt und – unterhalb des Ponte Vecchio – ungeklärt in den Arno abgelassen.

Die Kläranlage von Florenz ist immer noch nicht fertig gestellt. Obwohl die Gelder zum Bau längst bereitlagen, schob man die Entscheidung für den Standort jahrelang auf die lange Bank. Als Sündenböcke wurden die Bürger auserwählt. Niemand wollte eine Kläranlage in unmittelbarer Nachbarschaft akzeptieren, lautet die Ausrede für dieses unglaubliche Versäumnis. Professor Nardi hat eine weitere, genauso unglaubliche Erklärung: Das so genannte »Gesetz Merli«, das die Abwasserregelung betrifft, bezieht sich auf die Qualität der Abwässer, nicht auf die des Flusswassers schlechthin. Besitzt eine Kommune eine Kläranlage, unterliegt sie strengen Kontrollen. Besitzt sie keine, braucht sie weder Kosten noch Kontrollen zu fürchten.

Mittlerweile wurde mit den Bauarbeiten zwar begonnen, doch die Fertigstellung verzögert sich aus unerfindlichen Gründen ständig. So verlässt der Arno bei niedrigem Wasserstand die viel gerühmte »Wiege des Humanismus« heute noch todkrank. Auch die Flussufer gereichen der Kunststadt zur Unehre. Wie bunte Fähnchen hängen die Plastiktüten in den Bäumen, ein Gruß vom letzten Hochwasser, und der Müll sammelt sich unter den Brücken an.

Renzo Pucetti und einige Nachbarn waren es leid, auf Initiativen der Stadt zu warten. Sie besetzten ein Stück Flussufer, säuberten es und richteten es zu einem kleinen Garten her. Jetzt haben sie einen Platz am Flussufer, wo sich die Alten treffen und Kinder spielen können. Natürlich gilt: »Baden strengstens verboten!«

»Die Florentiner lassen sich von niemandem etwas sagen. Ihr Hochmut ist sprichwörtlich.« Rodolfo Guarducci ist von dem Gedanken, dass die Florentiner sich bei ihren Nachbarn aus Prato Rat holen könnten, sichtlich erheitert. Doch auch sonst hat der verantwortliche Ingenieur für den Wasserhaushalt beim Prateser Industrieverband gut lachen. Er hat ein sauberes oder treffender gesagt, ein geklärtes Gewissen.

Flussabwärts von Florenz liegt das Industriegebiet der Toskana: Garnherstellung in Prato, Gerbereien in Santa Croce sull'Arno, Papierherstellung in Lucca, Maschinenbau in Pontedera. Alles Industrien mit einem großen Wasserverbrauch und hohem Verschmutzungsgrad.

Es ist eine zerzauste Landschaft, Resultat der ungebremsten Bauwut der siebziger und achtziger Jahre, als sich Italien unbedingt zur Industriemacht aufschwingen wollte. Wohin das Auge reicht: Wohnsiedlungen, Industriehallen, Straßen, Müllhalden, Schrottplätze, was das Gebiet für Professor Nardi besonders hochwassergefährdet macht. »Man ist dem Fluss zu nahe gerückt.«

Doch gerade hier, wo der Flusslandschaft jegliche Würde genommen ist, trifft man auf erfreuliche Initiativen. Etwa in Prato. In der Textilstadt am Bisenzio, einem Nebenfluss des Arno, gibt es mehr als 1500 Betriebe, die Garne verarbeiten, waschen und färben. Noch vor einigen Jahren erkannte man am Flusswasser, welche Farbe gerade in Mode war. Heute werden fast hundert Prozent der Abwässer aus Industriebetrieben und Privathaushalten geklärt. Einige Unternehmer ließen auf eigene Kosten zudem eine Anlage bauen, die Brauchwasser recycelt. Sie soll Grundwasser sparen helfen. Noch sei man technisch nicht in der Lage, einen geschlossenen Kreislauf für Brauchwasser zu schaffen, bedauert Ingenieur Guarducci. Recyceltes Wasser ist zu stark mit Salzen belastet, um unverdünnt für die Garnverarbeitung genutzt werden zu können. Das wiederum beunruhigt sowohl Wasserbehörde als auch Kommunalverwaltung. Durch die jahrzehntelange Ausbeutung drohen die unterirdischen Grundwasservorkommen auszutrocknen. Doch wurde wenigstens ein erster Schritt getan.

»Tot ist der Arno an der Mündung nicht, doch hat er kein schönes Leben. Es gelingt ihm nicht mehr, sich selbst zu reinigen.« Paolo Grossoni nimmt kein Blatt vor den Mund. Oder sollte man besser »keine Piniennadel« sagen? Der Biologieprofessor aus Florenz ist wissenschaftlicher Berater der Tenuta San Rossore, eines Naturschutzparkes bei Pisa. Dort ergießt sich der Fluss ins Tyrrhenische Meer. Schon seit Jahren weist der Wissenschaftler darauf hin, dass das biologische Gleichgewicht des Arno zerstört ist. Hauptschuldige sind die Schadstoffe, die dem Fluss auf seiner Reise durch die Toskana mitgegeben werden. Anstatt Schwermetalle, Tenside & Co gleichsam stillschweigend in den Meerestiefen verschwinden zu lassen, spiele der Arno seinen Peinigern jedoch einen bösen Streich, berichtet Paolo Grossoni mit Genugtuung. Er hinterlasse seine Spuren, in Form von aufgeschäumtem Waschpulver, an der Pineta, die das Schwemmland an der Küste festigt.

Dieses Phänomen lässt sich an vielen Küsten beobachten. Der an Land zurückgewehte Schaum lagert sich auf den Piniennadeln ab und verändert ihre Oberflächenspannung. So kann das in der Meeresluft enthaltene Salz ungehindert in die ansonsten resistente Küstenflora eindringen, die daraufhin erkrankt. Der Streifen mit abgestorbenen Bäumen ist, laut Paolo Grossoni, in der Tenuta San Rossore mittlerweile einen Kilometer tief. Die toten Stämme werden absichtlich nicht gefällt. Sie sollen die gesunden Bäume abschirmen und gleichzeitig als Warnung dafür dienen, was der Mensch anrichtet.

So ragen in der grünen Pineta schwarze Baumruinen in den blauen Himmel und bilden ein beeindruckendes Mahnmal gegen die Sorglosigkeit des Menschen im Umgang mit der Natur. Leider ist der Park meistens geschlossen. Oder ist es Absicht?

Der Tag, als der Regen kam

Ein Dorf verschwindet in den Fluten

Der Tag, als der Regen kam, hat sich unauslöschlich in Celestinas Gedächtnis eingegraben. Es reicht ein starker Guss, schon steht die dreißigjährige Frau am Fenster und starrt wie gebannt hinaus auf den Gebirgsbach Vezza, der an ihrem Elternhaus vorbeifließt. Fällt obendrein der Strom aus, steigt Panik in ihr auf. Denn noch ist viel zu wenig Zeit vergangen seit diesem verdammten 19. Juni 1996, der alles in ihrem Heimatort Cardoso veränderte.

Es war ein Mittwoch. Der freie Tag der Haushaltsgehilfin, die bei einem Rechtsanwalt im nur wenige Kilometer entfernten Badeort Viareggio arbeitete. Celestina Cardini wollte nach dem Mittagessen zum Baden hinunter ans Meer fahren. Doch am Vormittag begann es zu regnen. Besser gesagt: Der Himmel öffnete plötzlich alle Schleusen und schüttete eine niemals da gewesene Wassermenge über das Gebiet in, um und oberhalb von Cardoso aus. Eine halbe Tonne pro Quadratmeter in nur zwölf Stunden, hieß es später.

Cardoso, das am Ende einer langen grünen Talmulde liegt und nur über eine schmale, kurvige Straße zu erreichen ist, war bis zu jenem Tag ein typisches Straßendorf in der Alta Versilia in den Apuanischen Alpen: Eine steingraue Häuserkette im Schatten eines hohen Kirchturms, eingeklemmt zwischen den steilen Abhängen des Monte Forato und dem Gebirgsbach Vezza, der gen Meer rauscht. Trotz der Nähe zur Küste ist die Naturschutzlandschaft Alta Versilia mit ihren engen Tälern, den schroffen Felswänden, Wildbächen und einem verzweigten Höhlensystem bestenfalls Wanderern und Höhlenforschern bekannt. Nicht zu vergessen die Bildhauer, die herkommen, um, wie vor fünfhundert Jahren bereits Michelangelo, den Umgang mit dem Marmor zu erlernen. In der Vergangenheit war der Abbau des weißen Gesteins, gemeinsam mit der Kastanienernte, die wichtigste Einkommensquelle. In den Steinbrüchen haben Maschinen die menschliche Arbeitskraft ersetzt. Die riesigen Kastanienwälder hingegen wurden sich selbst überlassen, weil Land- und Forstwirtschaft in den Bergen unrentabel geworden sind. Die Bewohner verdienen ihren Unterhalt vorwiegend in der Tourismusbranche an der Küste.

Aus diesem Grund befanden sich an dem betreffenden Tag zur Mittagszeit neben Celestina Cardini und ihrer Mutter Miriam nur Frauen, Kinder, Rentner sowie Marco Pierotti in dem Zweihundertseelendorf. Der junge Forstarbeiter war zu Hause geblieben, weil er sein gebrochenes Bein kurierte. »Natürlich habe ich bemerkt, dass der Fluss bedrohlich schnell anschwoll«, erinnert er sich. Er maß dem jedoch keine Bedeutung zu. Das passierte jedes Mal, wenn es in Strömen regnete. »Doch dann kam mittags plötzlich der ganze Berg herunter.«

Fassungslos sah Marco Pierotti von seinem Küchenfenster aus mit an, wie sich Wasser, Schlamm und Geröll wie eine Flutwelle über das Dorf ergossen und die Häuser mit sich rissen. »Ich weiß noch, dass ich dachte: Gott, da sind doch

Menschen drin!« Später erzählte man ihm, dass an den Abhängen oberhalb des Ortes Bäume und Steine in den Bach gestürzt waren und das Wasser gestaut hatten. Als der Druck stärker wurde, zerbarst der künstliche Damm und die mit Felsblöcken und Baumstämmen angereicherten Wassermassen stürzten genau dort zu Tal, wo sich die Steinhäuser von Cardoso an die kleine Schlucht schmiegten.

Als Marco Pierotti das Wasser kommen sah, war es zur Flucht natürlich längst zu spät. So schnell sein eingegipstes Bein es zuließ, humpelte er zu den Cardinis ins Nachbarhaus hinüber. Gemeinsam liefen sie von einem Haus zum nächsten. Doch nirgendwo fühlten sie sich sicher. »Gott sei Dank ist uns die kleine Hochterrasse eingefallen, die abseits vom Dorf in einer geschützten Nische lag.« Dorthin brachten sie sich mit vierzig anderen Bewohnern in Sicherheit. Dann dauerte es allerdings noch Stunden, bis Hubschrauber kamen und sie aus ihrer verzweifelten Lage befreiten.

Den Rettungsdienst hatten die Bewohner aus dem weiter unten gelegenen Seravezza benachrichtigt. Als im Flusswasser plötzlich Hunderte von Bäumen an ihnen vorbeischossen, hatten die Menschen dort sofort begriffen, dass etwas Schlimmes geschehen war. Zudem war die einzige Verbindungsstraße nach Cardoso unpassierbar geworden. Aus diesem Grund konnte sich auch erst am folgenden Tag eine Rettungsmannschaft zu Fuß bis nach Cardoso durcharbeiten, um nach Vermissten zu suchen. Den Männern unter der Leitung von Bürgermeister Lorenzo Alessandrini bot sich ein Bild der Verwüstung. Der Ort existierte nicht mehr. Häuser waren eingestürzt, Brücken und Straßen weggespült. Sechzehn Bewohner waren von den Fluten mitgerissen worden. Einige wurden erst Wochen später aus dem Meer gefischt.

»Wir bezahlen heute die Rechnung dafür, dass in der Vergangenheit viele Bergbewohner abgewandert sind und dass die Landwirtschaft aufgegeben wurde.« Der 42-jährige Lorenzo Alessandrini, moderner Bürstenhaarschnitt, goldener Ohrring, Strickpullover und Jeans, ist ganz offensichtlich Vertreter einer neuen, dynamischen Generation italienischer Lokalpolitiker. Das stellte er nach der Unwetterkatastrophe auch unter Beweis. Nachdem der Regen in wenigen Stunden fast das gesamte, 120 Quadratkilometer große Territorium der beiden Flächengemeinden Seravezza und Stazzema verwüstet hatte, entwickelte der diplomierte Musiker gemeinsam mit seinem Kollegen aus Stazzema und dem Leiter der Forstbehörde der Alta Versilia ein Wiederaufbauprogramm, das für ganz Italien bis heute Vorbildcharakter besitzt. Grundlage des so genannten »Modello Versilia« war die für italienische Verhältnisse ungewöhnlich unbürokratische Zusammenarbeit der zuständigen Behörden. Die Ausbesserung der Straßen und Brücken war Aufgabe der Provinzverwaltung von Lucca und der Wiederaufbau von Cardoso die Sache der Region, während die Forstbehörde die Hänge, Straßenböschungen und die Berggewässer zu sichern hatte. Lorenzo Alessandrini und seine Kollegen hingegen planten die notwendigen Aufbaumaßnahmen über alle Zuständigkeitsgrenzen hinweg. Ihr Ziel war es außerdem, die Fehler der Vergangenheit nicht zu wiederholen. Anstatt Landschaft und Flussläufe also erneut mit Zement zu versiegeln, verwendete man vorwiegend Methoden des nachhaltigen Landschaftsschutzes: traditionelle Befestigungswälle aus Holzbalken sowie Flechtzäune aus Weidenzweigen, die zusätzlich durch Grünpflanzungen verstärkt werden.

Vier Jahre waren nötig, um die größten Wunden in der Landschaft zu schließen. Noch einmal fünf Jahre werden gebraucht, lautet die Prognose, um das Gebiet gegen weitere extreme Naturereignisse zu wappnen – die eintreten werden, wie Lorenzo Alessandrini befürchtet. »Seit Jahren werden die Wälder nicht mehr gepflegt, die Hänge nicht mehr gemäht, die Wassergräben nicht mehr gereinigt. Und jetzt spielt auch noch das Klima verrückt.« Bei jedem Regenguss kann es erneut zu Erdrutschen kommen. Dem Bürgermeister von Seravezza ist klar, dass das gesamte Gebiet darauf vorbereitet werden muss. »Wenn wir es richtig machen wollen, müssen wir sogar die Richtlinien für den Straßenbau, die Kanalisation und die Hangsicherung erneuern.« Selbst die Autobahntrasse und die Eisenbahnlinie an der Küste, die im Ernstfall eine Art Damm bilden und das schnelle Ablaufen des Regenwassers behindern, müssten also neu geplant werden. Natürlich weiß Lorenzo Alessandrini, dass das nicht geschehen wird. Was im Grunde bedeutet, dass jede Maßnahme Flickwerk bleibt.

Unter dem Motto »Es steht nicht in unserer Macht, Naturkatastrophen zu verhindern. Wir können nur die Folgen begrenzen«, versucht er zumindest die Präventivmaßnahmen für seine Gemeinde auszubauen. Weil die Instandhaltung der Berglandschaft nicht allein Aufgabe der öffentlichen Hand sein kann, stellt er sich eine Art Privatvertrag zwischen Verwaltung und Bürger vor. »Auf der einen Seite ist der Bürger, der sich verpflichtet seinen Besitz instand zu halten; auf der anderen Seite die Gemeindeverwaltung, die dafür Sorge trägt, dass Infrastruktur und privater Wohnkomfort verbessert werden.« Lorenzo Alessandrini hofft auf diesem Weg die Abwanderung zu stoppen. Er glaubt, dass dort, wo auch abgelegene Häuser an das kommunale Gas- und Wasserversorgungssystem angeschlossen sind, die Menschen gerne wohnen blieben. »Schließlich leben wir in einer Zeit, in der wir mit Hilfe von Satellitenschüssel und Internet bequem von zu Hause aus arbeiten können.«

Noch ist das Zukunftsmusik. Allein beim Versuch, diesen Plan im Gemeinderat zu diskutieren, stößt Bürgermeister Alessandrini auf Widerstand. Kritik kommt hauptsächlich von Seiten der Naturschützer, die nicht wollen, dass in der Alta Versilia die strengen Auflagen der Baubehörde und des Landschaftsschutzes gelockert werden.

Alessandrini hingegen stellt die Schutzwürdigkeit in Frage. Kastanienbäume sind keine heimischen Pflanzen und bräuchten deshalb ständige Pflege, kontert er. »Verwahrloste Kastanienwälder und verlassene Siedlungen sind keine malerischen Touristenattraktionen, sondern sie bilden eine Gefahr, besonders für diejenigen, die unterhalb wohnen.«

Das haben die Bewohner von Cardoso am eigenen Leib zu spüren bekommen. Die meisten, darunter die Cardinis und Marco Pierotti, sind zurückgekehrt. Trotzdem hasse sie Cardoso manchmal, bekennt Mutter Miriam Cardini.

»Aber ich bin hier geboren. Dies ist meine Heimat. Und die Angst begleitet mich überall hin.« Vier Jahre dauerte es, bis auch die letzten Häuser bezogen werden konnten. Sie liegen nicht mehr direkt am Flusslauf. Soweit die Platzverhältnisse in der Schlucht es zuließen, wurden sie nach hinten versetzt. Zusätzlich erhöhte man die Schutzmauern der Vezza und sicherte die Hänge. Oberhalb des Ortes wird noch an einer Schleuse gebaut, die bei starkem Niederschlag den Wasserfluss aus den Bergen regulieren und die mitgerissenen Bäume und Felsblöcke aufhalten soll.

In Cardoso hat sich nicht nur das Ortsbild verändert. Das Unwetter hinterließ seine Spuren auch bei den Bewohnern. »Es hat uns daran erinnert, dass man in diesem Teil der Toskana nichts geschenkt bekommt«, meint Miriam Cardini nachdenklich. Sie weiß, dass sie nur bleiben können, wenn sie wieder Verantwortung für die vom Menschen veränderte Natur übernehmen. Die Sechzigjährige besitzt selbst einen Kastanienhain direkt oberhalb des Ortes, den sie aus aus tausenderlei Gründen vernachlässigt hat. »Hätten wir die Bäume beschnitten und den Wald vom Unterholz befreit, wäre es sicherlich nicht so schlimm gekommen. Die Kastanienbäume sind viel zu groß und zu schwer für den felsigen Untergrund. Man braucht nur einmal hochzusteigen, um zu verstehen, dass die nächste Katastrophe schon vorprogrammiert ist.« Miriam Cardini ist ratlos. Sie fühlt sich zu alt, um in den steilen Hängen herumzuklettern. Wie soll es weitergehen? Achselzucken. Mit dem Kopf weist sie auf Marco Pierotti, der nach seiner Hochzeit vor einigen Monaten eine Wohnung in Cardoso bezogen hat. Diese Entscheidung wurde von der kleinen Gemeinschaft als ein positives Signal begrüßt. Seine Generation sei jetzt an der Reihe, sagt Miriam Cardini. Das weiß auch Marco, der sich nicht vor der Verantwortung drücken will. Allerdings stellt er Forderungen an die Lokalpolitiker. »Mehr Arbeitsplätze für junge Menschen!« Marco Pierotti selbst ist bei der Forstbehörde angestellt, seine Frau und seine Freunde hingegen, darunter auch Celestina Cardini, sind gezwungen sich anderswo eine Arbeit zu suchen. »Für die Administration zählt nur das Meer. Die Berge werden vernachlässigt. Dabei könnte man so viel daraus machen.« Ideen, wie man vor Ort seinen Lebensunterhalt verdienen könnte, gibt es genug. Vorbilder auch. Er zeigt hinüber nach Pruno, dem Bergnest auf dem Nachbarhügel. Dort haben zwei junge Männer kürzlich ein Restaurant eröffnet. Und in der alten Pfarrei vermietet eine »Cooperativa Valversilia« erstmals Ferienzimmer. Bewohner aus Pruno und Cardoso haben die Genossenschaft gegründet, um, wie es im Statut heißt, »Landschaft und Lebensformen der Alta Versilia zu erhalten«. Auf Anfrage führen die Mitglieder auch Waldpflegearbeiten aus, bieten Touristenführungen an und veranstalten Seminare zum nachhaltigen Landschaftsschutz. Zu Beginn seien sie vom Strukturfonds der EU finanziert worden, erzählt Marco Pierotti. Jetzt warten sie darauf, dass von Kommune, Provinzverwaltung oder Forstbehörde endlich Aufträge kommen. Die würden jedoch viel zu schleppend reagieren, kritisiert Marco Pierotti, der wie alle Menschen aus Cardoso den Wunsch hat, dass so schnell wie möglich die Normalität zurückkehrt.

Die Hausmänner

Aufruhr gegen die traditionelle Rollenverteilung

»Oh Gott. Schon so spät? Ich muss weg.« Hastig klappt der Rentner Agostino Meschini den Ringordner mit den Zeitungsausschnitten zu. Fast den ganzen Vormittag hat er mit Fiorenzo Bresciani am Esstisch zusammengehockt und das kommende Wochenende durchgesprochen. Fünf Vereinsmitglieder aus der mittelitalienischen Region Molise haben ihren Besuch in Pietrasanta angekündigt. Das Begrüßungsessen am Abend wird selbstredend gemeinsam zubereitet. Für den darauf folgenden Tag steht eine Wanderung durch die Apuanischen Alpen oberhalb der kleinen Festungsstadt, die für ihre Marmorwerkstätten bekannt ist, auf dem Programm. Das ist gleichzeitig eine Aufforderung zum Brennnesselsammeln. Die »Associazione Italiana Uomini Casalinghi«, die »Italienische Hausmännervereinigung«, der sie alle angehören, will demnächst wieder einen Informationsstand in der Provinzhauptstadt Lucca aufstellen. Das bringt Geld in die Vereinskasse. Dort können die Männer ihre selbst gemachte Seife, die Schürzen mit dem Vereinslogo und die bedruckten T-Shirts verkaufen. Die Brennnesselseife, die als besonders hautfreundlich gilt, ist der Renner der Ortsgruppe Versilia. Einige Kunden reisen extra aus Florenz an, um sich damit einzudecken.

Das Treffen mit den Freunden aus der Molise wird bei Fiorenzo Bresciani stattfinden. Der Vereinspräsident hat genügend Platz. Er wohnt mit Ehefrau Daniela Terigi bei den Schwiegereltern. Das Haus oberhalb von Pietrasanta ist groß genug. Ihnen steht für ihre Treffen sogar eine ganze Einliegerwohnung zur Verfügung, in der die Gäste übernachten können.

Fiorenzo Bresciani hat außerdem die meiste Zeit. Der Endvierziger ist einer der wenigen Vollzeithausmänner der Vereinigung. Der gelernte Metzgermeister hängte seinen Beruf 1985 an den Nagel. Damals hatte seine Ehefrau Daniela Terigi gerade das Medizinstudium abgeschlossen. Sie konnte sofort eine Stelle als Krankenhausärztin antreten, musste allerdings damit rechnen, manchmal auch fünfzehn Stunden am Tag zu arbeiten. Ehemann Fiorenzo nahm das mit Freuden zum Anlass, endlich zu Hause zu bleiben. Seine Arbeit als Metzger machte ihm schon lange keinen Spaß mehr. Außerdem hatte sein Freund Antonio d'Andrea gerade den Hausmännerverein ins Leben gerufen. Er wollte Männern, die die traditionelle Rollenverteilung in Frage stellten, das theoretische Rüstzeug verschaffen. Fiorenzo Bresciani nahm diese Unterstützung gerne in Anspruch. Seitdem ist er für den Zweipersonenhaushalt zuständig, kocht, wäscht, putzt und fühlt sich rundherum zufrieden. Zwischendurch arbeitet der gut aussehende Mann höchstens noch als Statist, wenn in der Nähe ein Kino- oder Fernsehfilm gedreht wird, oder er chauffiert seine Frau zu Hausbesuchen.

Es mag an der anarchistischen Tradition der Gegend oder an der Toleranz der Freunde und Nachbarn liegen, aber bisher hat niemand aus der Umgebung daran Anstoß genommen, dass Daniela Terigi und Fiorenzo Bresciani die häusliche Arbeitsteilung mit umgekehrtem Vorzeichen praktizieren. Das habe ihn anfangs selbst etwas gewundert, gibt Bresciani zu. Schließlich ist in Italien die traditionelle Rollenverteilung noch fest in den Köpfen verankert. Eine Schuld auch der Mütter, findet Bresciani, die ihren heranwachsenden Söhnen meist gar nicht die Möglichkeit gäben, ihre Talente im Haushalt zu entdecken. »Soll geschlechtsspezifisches Rollenverhalten ein für alle Mal abgeschafft werden, müssen auch Jungen rechtzeitig lernen Haushaltspflichten zu übernehmen«, zitiert er aus dem monatlichen Vereinsblatt.

Viel mehr Widerstand habe es indes gegeben, fügt er lächelnd hinzu, als die Medizinstudentin und der Metzgermeister sich entschlossen hätten zu heiraten. Aber das sei wohl eine andere Geschichte.

Mit Hilfe der Associazione fand Fiorenzo Bresciani weitere Männer aus Pietrasanta und Umgebung, mit denen er seine Überzeugung teilen konnte: den Restaurantbesitzer Gianni, der sich am besten beim Bügeln entspannt, den zwanzigjährigen Automechaniker Antonio, der ein Faible fürs Sticken hat, und Michele, einen weiteren Vollzeithausmann, der sich als Putzmann in der Nachbarschaft etwas Taschengeld dazuverdient.

Bis heute treffen sich die Männer regelmäßig an den Wochenenden. Dann sprechen sie über ihre Erfahrungen oder diskutieren eine neue Gesellschaftsordnung. Merkmale: gleichberechtigt, ökologisch und pazifistisch, so Bresciani. Genauso gerne probieren sie bei ihren Treffen Rezepte aus oder helfen sich gegenseitig beim Einmachen und Heckenschneiden. Darüber hinaus knüpften die toskanischen Männer losen Kontakt zu Gleichgesinnten aus anderen Regionen. »Wir haben wieder entdeckt, wie schön das Miteinander sein kann«, sagt Fiorenzo Bresciani, der natürlich weiß, dass das ziemlich abgedroschen klingt. Es stört ihn jedoch nicht weiter. Er ist nur froh, dass er jetzt nicht mehr, wie die meisten seiner Geschlechtsgenossen, in der Kaffeebar herumsitzen oder zum Fußballstadion fahren muss, um ein Gemeinschaftsgefühl zu bekommen. Das Leben der meisten Männer drehe sich einzig und allein ums Geldverdienen, urteilt er fast mitleidig. »Die werden nie am Ziel ihrer Wünsche ankommen. Nie! Zuerst müssen sie kapieren, dass man sich auch an den kleinen Dingen erfreuen kann.«

Der gemeinsame Schritt an die Öffentlichkeit erfolgte im Sommer 2001. Bei einer Großveranstaltung im toskanischen Badeort Viareggio wurde die »Associazione Italiana Uomini Casalinghi« mit Vorstand und Statuten versehen und zum Verein erklärt. Angesprochen sind Männer, die sich nicht scheuen Haushaltspflichten zu übernehmen, ob nun in Teilzeit oder in Vollzeit. Ihnen will die Initiative Mut machen. Denn obwohl es mehr als vierzigtausend Voll- und Teilzeithausmänner in Italien geben soll, trauten sich nur wenige das auch zuzugeben, bedauert Fiorenzo Bresciani. Noch immer spukt die Vorstellung in den Köpfen, dass, wer sich eine Schürze umbindet, automatisch die Zeugungskraft verliert.

Ganz nebenbei wollen die organisierten Hausmänner das Image der Hausarbeit aufpolieren, gemeinsam mit dem Verband der italienischen Hausfrauen. Nach vielen gemeinsamen Diskussionen kann Fiorenzo Bresciani die Frauen gut verstehen, die mit ihrer Rolle als Hausfrau nicht zufrieden sind und sich schämen ihren Status zuzugeben. Viele würden lieber einer Arbeit nachgehen, hätten aber nie die Wahl gehabt. »Für uns Männer ist das anders: Wir tun die Hausarbeit aus freier Überzeugung.«

Die Resonanz des ersten Treffens übertraf alle Erwartungen. Innerhalb von wenigen Wochen outeten sich fast 1500 italienische Männer bei Fiorenzo Bresciani als zufriedene Hausmänner und baten um eine Mitgliedschaft. Gewundert hat ihn höchstens die große Zahl der Rentner, die sich im Ruhestand zu wahren Heimchen am Herd entwickeln, während sie vorher im Haushalt nie einen Finger gekrümmt haben.

Genauso ist es Agostino Meschini ergangen, der heute eines der aktivsten Mitglieder der Ortsgruppe Versilia ist. Der graubärtige Werftarbeiter aus Viareggio merkte erst nach seiner krankheitsbedingten Frühpensionierung, wie wichtig ihm das häusliche Ambiente ist. Heute kümmert er sich mit Hingabe um den Haushalt, während seine Frau lieber den Garten pflegt. Er freue sich seitdem an den kleinen Alltagsdingen, die er vorher nicht einmal wahrgenommen habe, sagt er. Der Frau den Kaffee ans Bett bringen, den Enkel anziehen und zur Schule bringen, ein gepflegtes Heim haben. »Kleinigkeiten? Vielleicht. Doch für mich sind sie heute das Salz der Erde.«

Dann verabschiedet sich der 61-Jährige eilig. Seine berufstätige Tochter erwartet am Abend Gäste und er hat ihr versprochen am Nachmittag noch die Fenster zu putzen.

Den Wind und den Menschen zum Feind

Artenschutz für einen Gaumenschmaus

Die windzerzausten Lehmhügel der toskanischen Crete bei San Giovanni d'Asso sind im Winter ohne jegliche Vegetation. Nur die zähen Zypressen klammern sich tapfer an die magere Erde. Die restlichen Bäume ducken sich in den Talmulden vor dem Wind.

Etwas kurzatmig läuft Fosco Lorenzetti an einem kalten Dezembertag einen Abhang hinunter. Sein Hund Juri, ein kleiner brauner Mischling, rennt aufgeregt kreuz und quer durch das Gelände, die Nase dicht am Boden. Als er zu scharren beginnt, eilt der Rentner hinzu, schiebt den Hund sanft zur Seite und wendet vorsichtig die Erde mit einem schaufelähnlichen Messer. Der Mann und sein Hund sind auf Trüffelsuche. Sie hoffen auf gute Ernte, denn im Gemeindegebiet von San Giovanni d'Asso, der Trüffelhauptstadt der Südtoskana, gibt es neben der schwarzen Trüffel auch die seltene weiße Tuber magnatum, für die fünfzehnhundert Euro pro Kilo bezahlt werden. Fosco Lorenzetti hat Glück. Er kann sich eben auf seinen Juri verlassen. Im Laufe des Vormittags verschwinden zahlreiche zentimeterdicke Knollen in seiner Umhängetasche. Juri erhält als Dankeschön die kleinen Krümel. »Die Löcher müssen anschließend wieder fein säuberlich zugeschüttet werden«, erklärt Signor Lorenzetti, während er mit der Hand auch die Laubblätter gleichmäßig über einer Fundstelle verteilt, um alle Spuren zu beseitigen. »Nur dann können im kommenden Jahr an derselben Stelle erneut Trüffeln wachsen.« Man soll den Wald so hinterlassen, wie man ihn vorgefunden hat, zitiert er eine Trüffelsucherregel.

Trüffeln sind Teufelszeug, eine Verbindung aus Donner und Regen, hieß es im abergläubischen Mittelalter. Fosco Lorenzetti weiß das heute natürlich besser. Trüffeln gehören zur Familie der Schlauchpilze. Sie wachsen in der Nähe von Wasserläufen, im Wurzelbereich von Laubbäumen, die sie als Wirtspflanze nutzen. Um gedeihen zu können, brauchen sie zudem ausgewogene Klimaverhältnisse. »Alles in Maßen und zum richtigen Zeitpunkt.« Eigentlich hat die Trüffel nur einen Feind: den Wind. Er trocknet den Boden aus. Das sei der Grund, warum Trüffeln in windgeschützten Talmulden gedeihen.

Er hat vergessen den Menschen zu erwähnen. Allein in der Toskana gibt es heute mehr als fünftausend Trüffelsucher, die im Herbst und im Winter die begehrten Knollen ausgraben. Dabei werden sie von speziell dafür abgerichteten Hunden, die süchtig nach dem wohlriechenden Gaumenschmaus sind, zu den Fundstellen geleitet. Die Tiere erschnüffeln Trüffeln noch durch eine fünfzig Zentimeter dicke Erdschicht.

Es ist noch gar nicht so lange her, da gingen die toskanischen *tartufai* auch mit trüffelschnüffelnden Schweinen auf die Suche nach dem kostbaren Pilz. Schweine, die regelrecht versessen auf die Knollen sind, verfügen ebenfalls über einen ausgezeichneten Geruchssinn. Allerdings lassen sie sich nur schwer kontrollieren. So war es immer ein Glücksspiel, dem Schwein die Knolle rechtzeitig zu entreißen. Oft war das gefräßige Tier schneller. Auf diese Weise kamen schließlich auch die überzeugtesten Schweinefreunde auf den gehorsameren Hund.

Überhaupt habe sich in den vergangenen Jahren viel in der Welt der Trüffelsucher verändert, seufzt Fosco Lorenzetti und nennt zunächst die *tartufai* selbst. Einst waren sie der Stoff, aus dem Legenden sind. Einsame Steppenwölfe, hieß es, die zwischen Sonnenaufgang und Sonnenuntergang die Wälder durchstreifen und eifersüchtig ihre Fundplätze für sich behalten. Sogar von magischen Kräften war die Rede. »In Wirklichkeit ist Trüffelsuchen Erfahrungssache«, verrät Fosco Lorenzetti, während er seinem Hund durch das Unterholz folgt. Zu Beginn seiner Karriere sei er Kilometer um Kilometer vergebens marschiert. Heute weiß er einfach, wo er fündig werden könnte. »Trüffeln wachsen immer an denselben Plätzen!« Die Trüffelpflanze verfügt über ein fein gespanntes Netz, an dem sich unterirdisch mehr oder minder große Fruchtkörper entwickeln.

Mittlerweile sind die ehemals bärbeißigen Einzelgänger sogar zu Vereinsmeiern mutiert. Sie haben sich in Orts- und Regionalverbänden organisiert, wo über so profane, doch gleichwohl dringliche Themen wie Gewinnbesteuerung und Pachtzahlung an die Landbesitzer entschieden wird. Seit diesem Jahr haben die *tartufai* der Toskana noch weitere gemeinsame Termine. Sie treffen sich mehrmals im Jahr, um ihre Suchgebiete zu säubern.

Grund für so viel ungewohnten Gemeinschaftssinn: Trüffeln sind in der Toskana noch seltener geworden. Noch vor gar nicht so langer Zeit hat es im Assotal vierzig bis sechzig Kilometer baumgesäumte Wasserläufe gegeben. Heute sind diese idealen Lebensräume für Trüffelpflanzen auf ein Drittel ihrer ursprünglichen Größe geschrumpft. Schuld am Verschwinden der Trüffelsporen im Boden sei allerdings auch die Gier nach dem »toskanischen Gold«, klagt Fosco Lorenzetti. Wegen des Profits seien immer mehr Freizeitsucher über die Trüffelgebiete regelrecht hergefallen. Rücksichtslos hätten sie die Wälder durchpflügt, selbst unreife Früchte ausgegraben und dabei das empfindliche unterirdische Pflanzennetz zerstört.

Gleiches weiß auch Athos Signorini über das Elsatal, das zur San-Miniato-Zone gehört, zu berichten. Der Verbandsvorsitzende der Ortsgruppe Certaldo stellt jedoch auch die fehlende Landschaftspflege und die Einführung moderner Anbaumethoden in die Landwirtschaft an den Pranger.

Mit einer ausladenden Geste weist er auf die maschinengerecht planierten Weinberge im Elsatal. Eine Folge der Landflucht in den sechziger Jahren, sagt er. Vorher wurde Landwirtschaft in der Toskana in Halbpacht betrieben. Die Pachtbauern bestellten die Felder, hielten die Wassergräben in Ordnung und pflegten die Wälder. Als die Landbevölkerung in die Städte abwanderte, um in den Fabriken zu arbeiten, wurde die Landwirtschaft vielfach aufgegeben. Dort, wo es die Bodenverhältnisse zuließen, mechanisierte man sie. Der Rest wurde sich selbst überlassen. Dabei sind viele baumgesäumte Wasserläufe verschwunden. Gleichzeitig verwilderten die Wälder, die Talmulden versumpften und die Böden versauerten. Das heißt: Der natürliche Lebensraum der Trüffeln wurde erheblich eingeschränkt. »Denn Trüffeln«, sagt Athos Signorini, »sind ein empfindliches Barometer für ein intaktes biologisches Gleichgewicht.« Sie reagieren sowohl auf Temperaturschwankungen als auch auf Phänomene wie saurer Regen und Chemiedünger. Der 72-Jährige erinnert sich noch gut daran, dass Trüffeln früher neben Feldern gediehen, die mit Stallmist gedüngt wurden. Im Zeitalter des Kunstdüngers hat diese Methode sich überlebt.

Die toskanische Landesregierung hat jetzt auf das zunehmende Verschwinden der Trüffeln reagiert. Unter dem Motto »Artenschutz für einen Gaumenschmaus« erließ sie ein Gesetz, das die gesamte »Trüffelei« regelt. In der Trüffelnorm ist genau festgehalten, welche Sorte in welchem Gebiet vorkommt. Für die weiße Trüffel werden die Crete, das Casentino, der Mugello und die San-Miniato-Zone genannt. Auch die Erntezeit ist geregelt: Die weißen Tuber sind für Oktober bis Dezember, die schwarzen von November bis März freigegeben. Das Ausgraben unreifer Früchte und die nächtliche Suche sind explizit verboten. Übertretungen werden mit Geldbußen bestraft.

Außerdem ist zur Trüffelernte eine Lizenz erforderlich. Bisher durften Trüffeln ohne Einschränkungen gesucht werden. Die *tartufai* mussten nur mit dem jeweiligen Landbesitzer eine Übereinkunft finden. Heute müssen Anwärter bei der zuständigen Provinzbehörde eine Prüfung ablegen und beweisen, dass sie sowohl die Biologie der Tuber als auch die neuen Vorschriften kennen. Selbst die Suchhunde, von deren Disziplin, Ausdauer und Suchverhalten nicht nur das Finderglück ihrer Besitzer, sondern auch der Zustand der Trüffelgebiete abhängt, sind von der Norm erfasst.

Athos Signorini ist mit dem Gesetz mehr als zufrieden. Für den pensionierten Verwaltungsangestellten ist Trüffelsuchen seit jeher ein Sport, der klare Regeln und Disziplin erfordert. Angesichts der großen Zahl der *tartufai* müsse man wohl von Breitensport reden, meint er schmunzelnd. Dann wird er wieder ernst. Der Verbandsvorstand habe nun die Möglichkeit, die Ausbeutung und die Gier zu kontrollieren. Wer heute die Fundlöcher nicht sorgfältig wieder zuschütte, dem werde die Lizenz entzogen. »Unsere Mitglieder müssen einfach wissen, dass unbedeckte Wurzeln keine Trüffeln mehr produzieren.«

Neben der Reglementierung der Trüffelsuche hat die Norm noch ein weiteres Ziel: den Landschaftsschutz. Wohlwissend, dass Trüffeln nur in einer intakten Landschaft gedeihen und demzufolge die *tartufai* nur bei optimalen Bodenbedingungen Profit erzielen können, hat der Gesetzgeber – im Einklang mit den Trüffelsucherverbänden – die Grundlagen für so genannte *tartufaie controllate* geschaffen. In diesen Trüffelreservaten, von denen es bereits circa hundert Hektar in der Toskana gibt, dürfen die Knollen nur von Verbandsmitgliedern ausgegraben werden. Als Gegenleistung müssen sie die Arbeit tun, die früher von den Pachtbauern geleistet wurde: die Wälder vom Unterholz befreien, Wege säubern und Entwässerungsgräben erneuern.

Das Trüffelreservat im Elsatal ist seitdem wieder ein gepflegtes Waldgebiet, in dem nicht nur Trüffeln wieder Raum zum Atmen haben. Auch ortsunkundige Besucher können dort wieder spazieren gehen. »Vor einigen Monaten sind wir wegen des dichten Gestrüpps gar nicht mehr bis zu den Fundplätzen durchgekommen. Um das fünf Hektar große Gebiet zu säubern, haben die 120 Mitglieder des Ortsverbandes zwei ganze Tage dort gearbeitet. Wer nicht mitmachen wollte oder konnte, musste als Ausgleich für die Bezahlung einer Arbeitskraft aufkommen.«

Das Projekt, mit dessen Hilfe der natürliche Lebensraum der Trüffeln wieder hergestellt werden soll, wird von der Europäischen Union gefördert. Im Elsatal wurde das Geld genutzt, um schweres Gerät für die Waldarbeit zu mieten, im Assotal wurde damit die Pacht bezahlt. Erfreulicherweise haben die meisten Landbesitzer in den betroffenen Gebieten den Verbänden das Land ohne Pacht überlassen. Sie hätten anscheinend begriffen, dass das Tauschgeschäft »Trüffelsuche gegen Landschaftspflege« langfristig auch für sie von Vorteil sei, freut sich Athos Signorini. »Trüffelsucher sind heute Vorreiter für den Landschaftsschutz.«

In San Giovanni d'Asso hat die Gemeindeverwaltung die Trüffelreservate in den Bebauungsplan miteinbezogen. Es darf dort weder gebaut noch unkontrolliert gedüngt werden. Man hofft, damit auch den sanften Tourismus im Assotal anzukurbeln.

Begleitet wird das Projekt von ARSIA, der Behörde für experimentelle Landwirtschaft mit Sitz in Florenz. Zuständige Sachbearbeiterin ist Tiziana Mazzei, die Trüffelsuchern in der ganzen Toskana bei der Instandsetzung der Trüffelgebiete mit Rat und Tat zur Seite steht. Zu ihren Aufgaben gehören regelmäßige Kontrollgänge. Daher hat sie sich mit Athos Signorini zu einem gemeinsamen Spaziergang durchs Trüffelreservat im Elsatal verabredet. Dort müssen sie allerdings feststellen, dass die Ortsgruppe Certaldo im Eifer des Gefechts den Wald an manchen Stellen zu stark gelichtet hat. Jetzt kann die Sonne den Boden austrocknen. Im schlimmsten Fall bedeutet es, dass die kommende Ernte noch geringer ausfällt.

Tiziana Mazzei entnimmt außerdem Bodenproben für Laboruntersuchungen. In der Landwirtschaftsbehörde ARSIA wird erforscht, unter welchen Bedingungen sich ein Baum in der freien Natur mit Trüffelsporen infiziert. Trotz langjähriger Forschung ist es noch nicht gelungen, das Wachstum weißer Trüffeln künstlich zu beeinflussen. Während sie zum Auto zurückgehen, diskutieren Tiziana Mazzei und Athos Signorini die Nachricht, dass japanischen Forschern jetzt der Durchbruch gelungen sei. Trüffelzucht wie Kartoffelanbau!? Athos Signorini kann und will das nicht so recht glauben. Er findet, dass Trüffeln nur in der Natur heranreifen sollten und nicht im Labor.

Tiziana Mazzei stimmt ihm zu. Halb ernst, halb scherzend verspricht die junge Biologin ihm, falls die Zucht jemals gelingen sollte, die fragliche Formel sofort zu verbrennen. Denn auch für sie ist die toskanische Praxis »Trüffelsuche gegen Landschaftspflege« die bessere Alternative.

Auch Fosco Lorenzetti aus San Giovanni d'Asso kann nur den Kopf schütteln, wenn er so etwas hört. Er würde sofort mit der Suche aufhören, wenn die künstliche Aufzucht gelänge, sagt er. Trüffelsuchen ist für den alten Mann viel, viel mehr als ein lukrativer Nebenverdienst. Es bedeutet: morgens um vier Uhr aufstehen, stundenlang den Wald durchstreifen, das Wetter beobachten, sich über den Jagdeifer der Hunde freuen. Für Fosco Lorenzetti ist die Suche nach dem gefragten Gaumenschmaus ein Rezept für die Begegnung mit der Natur.